河出文庫

エロスの解剖

澁澤龍彥

kawade bunko

河出書房新社

目次

エロスの解剖

女神の帯について

「真の男性は、セクシュアルであると同時に、さらにそれ以上の何物かであるが、真の女性は、セクシュアリティ以外の何物でもない」とオットオ・ワイニンゲルが述べているのは、正しい指摘《してき》であると思う。わたしたちは、解剖《かいぼう》学的事実が有《も》つ深い象徴的な意味を、もっと認識する必要がある。

男の性的器官は、あえて言えば、肉体から突起し分離した、外からの付加物とも称することができるのに、女性のそれは、肉体の奥処《おくが》に深く埋没《まいぼつ》しているのである。男のセクシュアリティには一定の距離があるから、彼は、この距離を知ることができるが、女は、隠れた自己のセクシュアリティに対して、完全に意識的であることはむずかしいと言わねばならない。女性特有の、ほとんど無意識的なナルシシズムも、ここから生ずるだろう。女のナルシシズムとは、いわば自己の内部に潜在《せんざい》していて、いつでも男に与えることができる快楽の、可能性の感覚なのだ。

女の性とは、だから、一言をもって定義するならば、欲望されるところのものである。他者への依存性、つまり「娼婦《しょうふ》」性こそ、女性的宇宙を特徴づけるものにほかならない。娼婦の性は他者に依存している。買われなければ顕在《けんざい》しないが、しかし一方、買われることを期待しつつ、期待だけで生きることができるのも、娼婦の特権というものであろう。もちろん、娼婦と言ったからとて、この言葉に貶下的《へんげてき》な意味をこめているわけではなく、ただ、男性が自己の裡にその原理を所有しているのに対して、女性はその原理を他者の裡に託《たく》さざるを得ない、といったほどの意味であると御承知おき願いたい。

さて、「娼婦」として示される女性的原理は、さらに細かく分ければ、次の二つの基本的な方向を志向する。すなわち、一方は「ウェヌス原型」であり、他方は「デメテエル原型」である。別の言葉でいえば、「恋人」としての女と、「母」としての女である。前者には愛する男があり、後者には息子がある。いずれの場合においても、他者の存在によって、初めて自己確認を遂げるのが女のセクシュアリティの特質であろう。

デメテエルは、ギリシア文化以前にさかのぼる、きわめて古い起源をもつ女神で、その信仰はピレネーからエーゲ海の彼方、エジプトやメソポタミア地方にまで広がっていた。大地と豊饒《ほうじょう》の大母神で、ヘレニズム時代には、多数の乳房をもった豊満な女性の裸像として示された。同系統の大地女神、あるいは穀物を育成する大母神の信仰が、ひろく世界各地に見られるのは、フレイザー卿《きょう》の証明する通りである。（たとえば小アジアのキュベレー、エジプトのイシス。）

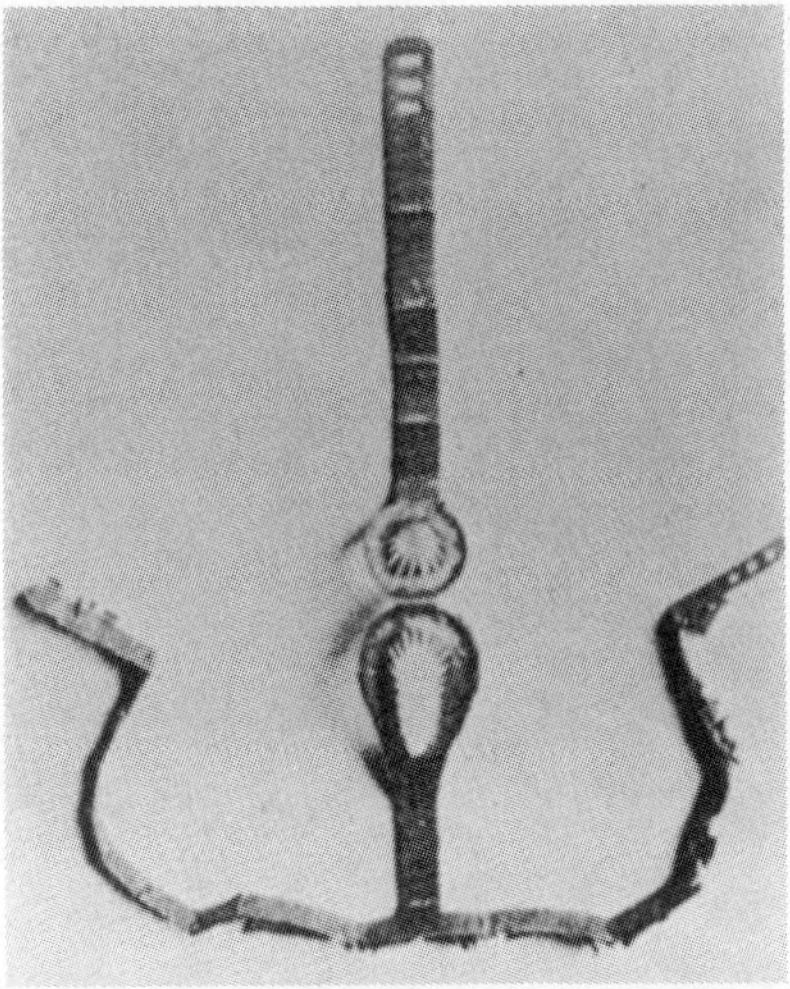

15世紀の貞操帯。ヴェネツィア、パラッツォ・ドゥカーレ

この母性神に対して、女の性の破壊的、挑発的、エロス的原理を代表するのが、愛の女神たるウェヌス（ギリシア名、アプロディテー）である。その信仰はアジア起源と言われており、地中海世界では、別にアスタルテ、タニット等の異名《いみょう》をもつが、いずれも「処女」を意味し、また同時に「神聖な娼婦」を意味した。

古代においては、処女という言

葉は、単に性的経験を有たぬ女性を指すばかりでなく、また、男と交渉を有つこともできるけれども、とくに婚姻《こんいん》を忌避《きひ》して、独身を守る女性を指していたということを知っておく必要がある。そういう文脈《ぶんみゃく》において眺めるとき、一見相矛盾するかのごとき「処女」と「娼婦」という二つの概念が、一つのものになって、ひとしく「母」なる概念のアンチテーゼを形成することにお気づきであろう。「処女」と「娼婦」は、いずれも子供を生まないという点において、つまり、息子の存在によって自己確認することを拒否《きょひ》するという点において、相一致するのである。これがウェヌス原型である。

＊

神話のウェヌスは素裸《すはだか》であり、泡だつ大洋の波のあいだから、ゆらゆらと貝殻にのって誕生したのである。後年、「ウェヌスの帯」なんぞという残酷な器具が、人間の手によって発明されようなどとは、彼女自身、夢にも思っていなかったにちがいない。少なくとも神話の世界では、誰も彼女に帯をつけさせようなどとは考えていなかったのだから。彼女は「処女」であり、そしてまた「娼婦」であったのだから。

「ウェヌスの帯」とは、——さよう、貞操帯《ていそうたい》のことである。嫉妬《しっと》ぶかい中世の騎士や市民たちが、自分の妻の姦通《かんつう》を防ぐために、考案したところの道具である。

貞操帯の鍵を渡す夫と妻。16世紀ドイツの銅版面

まず、その構造を説明しよう。

貞操帯は、ふつう帯の部分と板の部分と、二つの部分から成っており、帯は、弾力性のある金属でできていて、ビロオドなどの布でくるまれていることもある。腰のまわりの皮膚に接触するのに、不快感をなくするためである。この帯の下に取りつけられた板が、最も神聖なる場所を蔽《おお》いかくすのであるが、時とすると、板は前後に二枚あって、後方からの敵の攻撃にも抜かりなく備えている。この板は金属、骨、もしくは象牙によって製せられ、着用者の下腹部の小丘をきつく圧迫して、ヴァギナを完全に閉鎖《へいさ》するように工夫してある。むろん、性的ならざる自然の用は足せるように、板には小さな

孔が穿《うが》たれているが、孔の周囲は多くの場合、鋸歯状《きょし》のぎざぎざが生え揃っているので、指一本通すこともならない。帯は錠《じょう》と鍵《かぎ》で、腰のまわりに固定され、夫だけがその鍵を握っているという仕組みであった。

二つの板が、着用者のヴァギナばかりでなく、アヌスをも保護する目的で作られていたことは、その構造上から明白に知れるところで、このことは、東洋からヴェネツィアを経由してヨーロッパに流れ込んだと伝えられる、いわゆる「アウェルサ・ウェヌス」(背後からの愛)が、当時の風流人士間にひろく行われていたことの証拠であろう。またおそらく、貞操帯は不法なコイトゥスばかりでなく、着用者のオート・エロティックな衝動の満足をも、きびしく戒《いまし》めることを目的としていたもののようである。

男性の嫉妬心から生まれ、不当にも女神ウェヌスの名を冠せられた、この貞操帯なる忌《いま》わしい発明は、歴史をさかのぼると、ホメーロスにその源があるといわれ、やはりアプロディテーがその犠牲者《ぎせいしゃ》となっているから妙である。してみると、「ウェヌスの帯」なる命名も、あながち不当とは言えないことになるのかもしれない。

『オデュセイア』によると、アプロディテーは夫のヘパイストスの目をかすめて、軍神アレースと不義をはたらく。妻の姦通を知ったヘパイストスは、たぎり立つ胸を抑えて鍛冶《かじ》場《ば》へ行き、細い、蜘蛛《くも》の糸のように透《す》き通った、網をこしらえる。これを寝間にそっと仕掛けておくと、姦夫《かんぷ》姦婦《かんぷ》が手をたずさえてやって来て、網にかかってしまうという寸法である。二人は動きがとれず、神々一同の笑いものになる。――まあ、貞操帯とはかなり性質が違うけれども、姦通を懲戒し不可能にするという点では、同じ効果を発揮する発明であった。

ギリシア人やロオマ人が実際に用いていた「処女の帯」というのは、貞操帯とは関係がなく、結婚前の娘であることを示すための飾りにすぎなかった。貞操帯はアフリカに起源があるらしく、東洋から渡来したものと思われる。本来は色の黒いウェヌス、アスタルテ女神がこれを着用していたのかも分らない。西洋では、ヴァギナの封鎖《ふうさ》は獣医のあいだで、古くから牝馬に対して行われていたが、人間に対しては、十四世紀の終りまでその例を見なかったとおぼしい。もっとも、十二世紀の女流詩人マリイ・ド・フランスの作品や、十四世紀の詩人ギヨオム・ド・マショオの『真実物語』のなかに、暗に貞操帯を諷《ふう》したらしい文句が出てくるが、はたして彼らが現物を見て歌ったのかどうかは、学者のあいだでも疑問とされている。

今日、ゲッティンゲン大学の図書館に残された、コンラッド・キーゼルという軍人の手になる、一四〇五年の日付の写本《しゃほん》に描かれた貞操帯の絵が、いちばん古い確実な資料であろう。その絵の器具は、フィレンツェ製のものと推定される。パドゥアの町に暴政をふるったカララ家のフランチェスコ二世が、その妻に着用させたといわれる貞操帯は、今日、ヴェネツィアの総督宮殿の博物館（パラッツォ・ドゥカーレ）に残っている。

ブラントオムは『艶婦伝《ダーム・ギャラント》』のなかで、次のように述べている、「アンリ王の御代、ある金物屋が、女の尻を締めつけるための器具をば、サン・ジェルマンの市場で売り出した。それは鉄でできていて、帯のように腰のまわりを巻き、下腹部をぴったり締め、鍵で閉じるようになっている。じつに巧妙にできているので、ひとたび締めつけられると、あの心地よい快楽のために、この部分を存分に使うこともならず、小さな孔から小用を足すのが関の山であった」と。

現在パリのクリュニイ美術館に保存されている貞操帯の数々にも、それぞれ伝説があって、たとえば、ある品は、アンリ二世が妻カトリーヌ・ド・メディチに着用させたものであるとか、また他の品は、ルイ十三世が妻アンヌ・ドートリッシュのために作らせたものであるとか、興味本位にいろいろと取沙汰《とりざた》されている。

ドイツでも、十六世紀以降、多くの文学作品のなかに、貞操帯のことがふれられている。セバスティアン・ブラントの有名な『愚者の船』（バーゼル、一五七二年）にも、もっと後のマックス・バウエルの『女の学校』（十八世紀後半）にも、この滑稽《こっけい》な器具の話がしばしば出てくる。ネーデルランドでも、イギリスでも、スペインでも使用されて、ついには全ヨーロッパに滔々《とうとう》とひろまったらしい。技術的にも次第に改良され、富裕《ふゆう》な市民や貴族は、浮き彫りのある芸術的な金銀細工や、革細工をこれに施《ほどこ》させたりした。

スペインのプラド美術館には、貞操帯を描いたゴヤの習作《しゅうさく》が幾つかあり、それらはアンドレ・マルロオの表現によれば、「レオナルドの機械のように」仔細《しさい》に研究されているのである。「信頼」と題されたゴヤの別のデッサンは、すっぽり頭から頭巾《ずきん》をかぶった二人の女が、互いに手をのばして、口から膝《ひざ》まで幾つも鍵穴のある、とてつもなく大きな外套のような全身用の貞操帯の、錠をしめている図である。あたかも女の全身が性感帯であることを諷しているかのような、このグロテスクな絵は、いかにもゴヤらしい皮肉と奇想《きそう》にあふれている。

素裸で生まれた女神ウェヌスは、こうしてついに全身のエロティシズムを封鎖され、「処女」でもない「娼婦」でもない、「妻」と呼ばれる屈従的《くつじゅう》な、男の所有物になってしまった。

＊

「ロオマ人の母、人間と神々のよろこび、養い親ウェヌスよ、あなたこそ移り行く空の下、船を浮かべる海、実りもたらす大地に、生き物をあふれさせ、生あるものはみな、あなたを通して孕《はら》まれ、生まれ出ては日の光を見る」とロオマの詩人ルクレーティウスは、長篇詩『物の本性について』の冒頭で歌ったが、このようなロオマ人のアプロディテー崇拝《すうはい》は、むしろ天地万物の創造者としての愛の女神に対する崇拝で、穀物の豊饒、人畜の繁殖を司《つかさど》る大地女神の性格とほとんど一致する。しかしアレクサンドレイア期以降、一般にウェヌスといえば、やはり美と愛欲の司神と見る見方が強いようである。

プロティノスが、崇高な魂に対応する「天上のアプロディテー」と、低俗な魂に対応する「地上のアプロディテー」とについて語ったように、古代人は、清らかな愛の女神たる「ウェヌス・ウラニア」と、卑俗な快楽の女神たる「ウェヌス・パンデーモス」(ウェヌス・ウルギウァガ)とをはっきり区別していた。

前者が精神的、宗教的な領域へと高まって行くのに対して、後者は放蕩《ほうとう》、淫乱《いんらん》といった暗い領域へ下降する。そしてその直接の怖ろしい結果が、十五世紀の終りから登場しはじめた、いわゆる「ウェヌスの足蹴《あしげ》」と呼ばれる恥ずかしい病気である。

この場合も、ウェヌスは不当な汚名《おめい》を蒙《こうむ》らねばならなかった。「ウェヌスの足蹴」を受けるとは、さよう、梅毒や性病に罹《かか》ることを意味したのである。

梅毒は一四九四年、ハイティ島から帰ってきたコロンブスの船の水夫たちとともに、まずポルトガルに上陸したといわれる。一四九五年にはイタリアに流れこみ、次いでフランス、ドイツ、スイスを襲《おそ》った。一四九七年にはスコットランドとハンガリアに、一四九九年には、シャルル八世の軍隊とともにロシアにまで達した。ヴァスコ・ダ・ガマの船も、一四九八年、インドからこれを運んできた。

一五〇六年には、ついにキリスト教の聖職者のなかから、この病気の犠牲者が出た。クレタ島の大司教が梅毒で死んだのである。

いずれもウェヌスの属性《ぞくせい》と考えられた、この貞操帯と梅毒こそ、野蛮であった中世ヨーロッパの性生活の、二つの相対立する極《きょく》のようなものである。

二十五歳まで平和な夫婦生活を送り、その後の十年間に、五回も妻を取り代えては殺したイギリスのヘンリー八世の度はずれた淫乱症《いんらんしょう》も、明らかに、この「ウェヌスの足蹴」を受けた結果であると考えられる。イギリスの王さまがウェヌスに蹴り飛ばされて、自分の国をカトリック国の連盟から逸脱《いつだつ》させてしまったのだから、何とも皮肉な話である。

ヴェロナの医者ジロラモ・フラカストロは、この病気の起源をアメリカに置き、そこにギリシアの神々の話を織りこんで、医学的教訓詩『ジフィリデス、あるいはフランス人の病気について』（一五三〇年）を書いた。それによると、ハイティ島に恐ろしい旱魃《かんばつ》が発生し、そのために牧者《ぼくしゃ》ジフィルスが太陽神に反抗する。しかし太陽神はこの島に新しい伝染病、つまりジフィリス（梅毒）を送ることによって、この反抗者を罰し、牧者はこの病気の最初の犠牲者になった、というのである。この名前は明らかに、ギリシア神話のなかのジフィルス、母親ニオベの反抗のためにアポロに罰せられた息子の名から思いついたものであろうが、ともかく、この時以後、この「フランス人の病気」と呼ばれた伝染病は、一般にジフィリスの名で知られるようになった。

ジフィリスの脅威に対する対抗策は、一五六〇年になってようやく確立された。その一つは水銀療法《すいぎんりょうほう》であり、もう一つは、十六世紀イタリアの有名な解剖学者ガブリエロ・ファロピオによって発明された、布で製せられた一種のコンドームである。

書簡文学で名高いセヴィニェ夫人が、「病毒にはガーゼを、恋愛には鎧《よろい》を」と言ったのは、梅毒と貞操帯によって象徴される古いヨーロッパの性の歴史を、一言のもとに見事に喝破《かっぱ》したものといえよう。その昔、「神聖な娼婦」であったウェヌスも、文明の爛熟《らんじゅく》とともにずいぶんと落ちぶれたものである。

数あるウェヌスの名画のなかで、わたしがいちばん好きなのは、ロンドンのナショナル・ギャラリイにあるベラスケスの傑作「鏡を見るウェヌス」である。この絵の女神はうしろ向きになっているが、わたしはべつだん、「アウェルサ・ウェヌス」をとくに好むものではない。

オルガスムについて

ついこのあいだ、埴谷雄高、栗田勇、大江健三郎の三先生と顔を合わせ、酒を酌《く》み交わしながら、互いに性科学の蘊蓄《うんちく》を傾け合ったことがあった。

栗田先生は実践家をもって任じ、理論の面には興味のなさそうな顔をしている。さしあたって、こういう人物は敬遠しよう。彼はいずれ回想記でも書けばよろしい。ところで、わたしとしては、芸術的にも思想的にも最尖端《さいせんたん》を行くと目《もく》される、今日の日本の代表的な文学者の性に関する理論的水準が、いかなる段階にあるかについて知っておきたかったので、その晩の歓談《かんだん》は、大いに参考になったと申しあげておく。

埴谷先生はしきりに有名な自伝の作者フランク・ハリスを持ち出して、いかにも「不可能性の作家」らしく、男性の能力《ポテンツ》の限界を探ろうと試みる。その熾烈《しれつ》な夢には、年齢的ハンディキャップを越えて、わたしたち三人を圧倒するものがあった。

一方、若い大江先生は、今を時めくアメリカの小説家ノーマン・メイラーの使徒《しと》よろしく、ビート・ジェネレーションの聖書《バイブル》と目されているところの、ウィルヘルム・ライヒの『オルガスムの理論《テオリイ》』をしきりに振りまわす。しかし、先生自身の告白するところによると、彼は、このライヒの本を実際に読んではいないのだそうだ。わたしが、その本ならば持っていると答えると、彼は目を輝やかせて、ぜひ自分に譲《ゆず》ってくれと迫《せま》る。むろん、わたしは断った。わたしは書物に関しては、おそろしくけちん坊なのである。

実をいえば、わたしはそのウィルヘルム・ライヒなる精神分析学者が、それほどアメリカの若い作家に人気があろうとはつゆ知らず、ただ題名に惹《ひ》かれて、その本をフランスから取り寄せたにすぎなかった。『オルガスムの理論』とは、まことに魅力的な題名ではないか。家へ帰って、さっそくノーマン・メイラーの本に当ってみると、なるほど、随所《ずいしょ》にライヒの名前が引用されている。

「僕は自分のよく知っている西欧の古典、テクニックに関するもの、好色本《こうしょくぼん》など、セックスに関する文献のうち、――きびしい、急進的なウィルヘルム・ライヒは例外として、――男性のオルガスムに関する辛辣《しんらつ》な議論を、ほとんど一つも思い出すことができない」

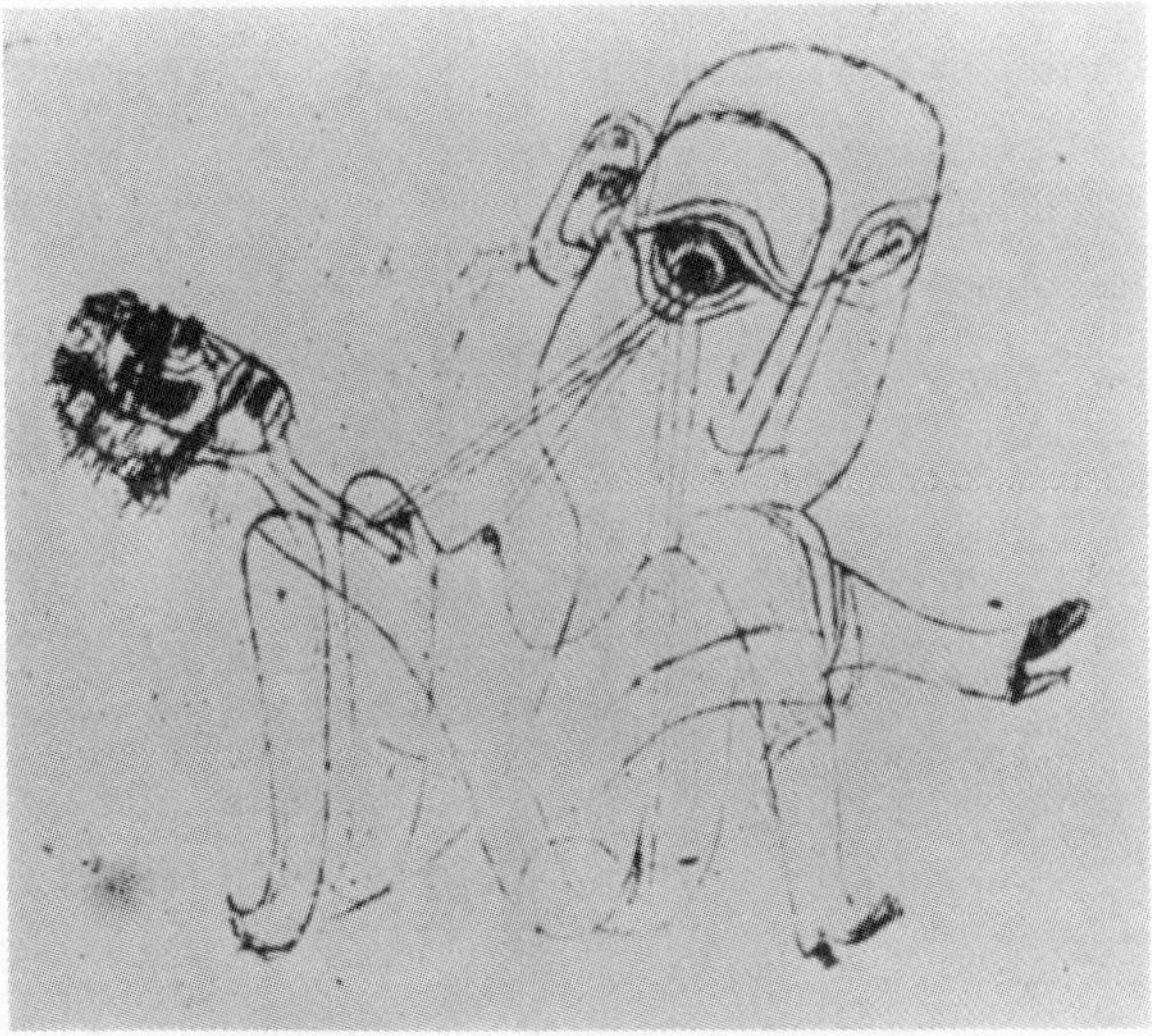

パウル・クレー「エロスの眼」1919年

とメイラーが書いているほどだから、よっぽど偉い革命的な学者なのだろう。
　以下に、わたしのしらべた範囲内で、ライヒのことを少し覚書《おぼえがき》ふうに述べておく。

＊

　一八九七年に生まれたウィルヘルム・ライヒは、フロイト学説とマルクス主義とを統一しようとした、ユニークなオーストリア派の心理学者で、そのため、両方の陣《じん》営《えい》から締め出され、最後にはアメリカの刑務所で獄死することになった、悲劇的な生涯の主である。

最初、ウィーンのフロイト博士のもとで研究していたが、一九三三年にドイツを去り、オスロ大学の心理学研究所で、彼のいわゆる「オルゴン生物理学《ビオフイジツク》」の研究をはじめた。その方法はまったく違っていたけれども、彼の学説は、ジョルジュ・バタイユやサルトルの実存主義的な性に対するアプローチの結論と、ある点で一致していた。すなわち、プロレタリアの性的フラストレーションは、その社会的意識の活動を麻痺《まひ》させる、というのである。

一九三九年に、ライヒはアメリカの精神分析学協会に招かれて渡米する。ここで、彼は自分の研究所を創立したり、大学で心理学を講《こう》じたりして、第二次大戦中を無事に過ごしたのであるが、一九五四年にいたって、全米食料薬品管理局から、その研究活動が破壊的だという理由により、突如として告訴《こくそ》されることになる。それでも彼は頑固《がんこ》に裁判所に出頭しなかったので、欠席裁判により有罪を宣告され、著書は押収《おうしゅう》されて焼かれてしまった。彼は無罪を叫びながら、進んでペンシルヴァニアの牢獄に入ったのである。そうして一年後の一九五七年十一月三日に、獄中で死んだのである。当時のアメリカ知識人のあいだからも、彼を救おうとする運動は全く起らなかったという。孤独な、狷介《けんかい》な学者であった。

ライヒの主要な著作は『性道徳の出現』（一九三一年）であるが、これはまだ何国語にも訳されていないらしい。フランスでも『オルガスムの理論』一冊が訳されているにすぎない。

彼とフロイトとの学問上の決定的な相違は、おそらく、昇華《しょうか》の理論に関する点だろう。周知のように、昇華とは、性的なエネルギーを性目標から他へ外《そ》らして、新たな目標（仕事、芸術、スポーツなど）へ向けさせることであり、これは文明社会に性的無秩序状態《アナルシイ》をもたらさないために、フロイトによって必要と認められた文化的作業力であったのであるが、ライヒは、この昇華の説を、性的抑圧《よくあつ》のない場合にのみ可能であると考えた。昇華などという偽善的な手段でなく、直接の性的な満足こそ、感情障害《しょうがい》の予防および文化的行動の推進力の、決定的な要素の一つでなければならない。つまり、フロイトはブルジョワ階級に受け容れられ得る、日和見《ひよりみ》主義的な昇華の理論、反・性的な理論を確立したのであって、ライヒによれば、このような反・性的なモラルは永久不変のものであるべきではない。社会体制の変革とともに、性的抑圧の基盤《きばん》もまた解消するのであり、「現実原則」は、権力階級の手中にある一つの道具でしかない、というのである。

こうして、彼は烈々《れつれつ》たる語調で、フロイト亜流《ありゅう》の精神分析運動のブルジョワ化と非性化とを非難する。「去勢《きょせい》され、その性的内容を剝奪《はくだつ》され、空虚な殻《から》となってしまった精神分析は、あたかもスターリン主義的反動の手中にあるマルクス主義と、まったく同じ運命をたどりつつある」と。

話があまりイデオロジックになり過ぎたようであるから、まあ、この辺でやめておこう。

とにかく、ライヒの所説《しょせつ》はきわめて過激なものであったから、右翼からも左翼からも等しく黙殺《もくさつ》され、性を毛嫌いする社会の保守的な分子《ぶんし》は、彼の道徳的急進主義《ラディカリズム》に背を向けるようになった。あげくの果てが告訴、裁判、獄死である。この二十世紀半ばに、ちょっと信じられないような学者の最期《さいご》である。

一言をもってすれば、ライヒは資本制社会の性的抑圧を解除し、性にその本源的な力を回復せしめるべき方向に、社会体制を変革して行かなければならない、と説いたのである。そして、彼が一九二三年に発見した「オルガスムの理論」こそ、このような彼の政治的、社会的思想をみちびき出すべき経験的な基盤だったのである。

*

さて、それではライヒの「オルガスムの理論」とは、いかなるものか。次に、その肝要《かんよう》な部分を翻訳してお目にかけよう。

「性行為に伴なう感覚を、わたしの患者たちに正確に記述せしめようと努力した結果、次のような臨床的《りんしょうてき》な確信が得られた。すなわち、患者たちのすべては例外なく、性行為における一つの重大な障害に悩んでいたのである。とくに自分の情事の数々を得意然と吹聴《ふいちょう》する男、一晩に何回も交渉することができると自慢する男に、そういう傾向が顕著《けんちょ》であった。

疑問の余地はないのである。たしかに彼らは、勃起能力において卓《すぐ》れている。しかし射精においては、ほとんど快感を伴なわず、場合によっては、ぜんぜん快感がないこともあるのだ。いやそれどころか、嫌悪感あるいは不快感さえ伴なうことがある。そして、行為中の男の頭のなかの想念を分析してみると、多くの場合、それはサディスティックであり、虚勢《きょせい》を張っているようであった。強者をもって自任する男にとって、性行為は、女を征服ないし強姦《ごうかん》するという意味しか持っていなかった。彼らは、自分の男らしさの証拠を見せようと努力する。勃起状態を持ちこたえる力を、賞讃されたいと願う。真の動機はそんなところにあるので、これは、強さと呼べるようなものではないのである。」

ノーマン・メイラーの言う通り、まさに男性の痛いところを突いた、辛辣きわまる議論である。ライヒによれば、性交の回数を自慢したり、ドン・ファンぶりを誇《ほこ》ったりする男は、それだけ完全なオルガスムの能力に欠けているというのだ。この筆法《ひっぽう》で行くと、いたずらに勃起力を誇るフランク・ハリスもモーパッサンも、また彼らの絶大な能力を羨望《せんぼう》する我が埴谷雄高先生も、さらにセックスの実践家をもってみずから任ずる栗田勇先生も、すべて「オルガスム不能」という、現代人に特有な一種の神経症《ノイローゼ》に陥っている、憐《あわ》れむべき病人にすぎないということになる。ライヒによれば、この「オルガスム不能」こそ、現代の通弊《つうへい》ともいうべき隠れた神経症《しんけいしょう》の徴候《ちょうこう》なのである。「人間は、それ自身の自然な性的機能を破壊してしまった唯一の動物である」と彼はいう、「人間が病気になったのは、そのためである」と。（なるほど、そういえば、犬や猫が性交回数を自慢したり、馬や牛がドン・ファンぶったりしたという話は、聞いたことがない）。

ごく最近まで、性科学は「射精能力」および「勃起能力」しか問題にしてこなかった。これだけでは、性的能力は何の意味をも有たない。勃起能力も射精能力も、効果的なオルガスムに達するための予備的な条件にすぎないからである。ノーマン・メイラーは「よいオルガスム」とか「最上のオルガスム」とかいう言葉を使うが、ライヒは「オルガスム能力」という新語をつくった。まあ、放射能といったような意味の「能力」であるとお考え願いたい。

「オルガスム能力とは」と彼がいう。「何らの支障《ししょう》もなく生物学的エネルギーの排出《はいしゅつ》に耽《たん》溺《でき》し得る能力であり、肉体の快い不随意的収縮により、鬱積《うっせき》した性的興奮のすべてを完全に放出し得る能力」である。

神経症の人は、不幸にして、この能力を我がものとすることができない。キンゼイ報告が明らかに示すごとく、世の中には、みずからそれと気づかぬ、性格障害的な神経症者が大勢いるのである。

オルガスムにおける快感の激しさは、性器に集中された性的緊張の量による。快感が大きければ大きいほど、昂奮極期（アクメ）からの落下は急カーブを描く。

メイラーによれば、「オルガスムの性質は、スペクトルであり、おそらくは無限のスペクトルであり、たぶん本質的に弁証法的《ディアレクティク》であるだろう。最悪のオルガスムのうちにも一抹《いちまつ》の快感はあり、最上のオルガスムのうちにも、高度の快感以上の快感を否定し、翌日のためにエネルギーのよりすばらしい解放をさしひかえる、嗜《たしな》みのある抑制がある」と。この言葉は、ライヒの学説をビートニク流の文学的表現で言い換えたものと見てよいだろう。

もし性的な興奮の過程において、緊張の量がすべて完全に放出され得ないとすると、性的エネルギーは出口を失って、一種の鬱血ともいうべき現象を起す。これをライヒは「性的鬱血」と称している。神経症の原因は、性的エネルギーの蓄積と放出のあいだの落差、すなわち、この性的鬱血のうちに存するのである。

簡単にいえば、欲求不満の塊《かた》まりが滞《とどこお》っている、ということであろう。だから、蓄積されたエネルギーが完全に放出されて、この性的鬱血が除去されなければ、――つまり、「オルガスム能力」が回復されなければ、神経症の治癒《ちゆ》は望みがたい。フロイトのいう昇華などでは、とても駄目なのである。

さて、ここでわたしたちは、「オルガスム能力」の完全に備わった男女の、満たされた性行為のモデル・ケースともいうべき例を、勃起から射精後の弛緩《しかん》まで、ライヒとともに、順を追って見て行かなければならないのであるが、あまり長くなりすぎる惧《おそ》れがあるので、――このビート族の聖書と目されるライヒの独創的な「オルガスムの理論」は、この辺で切りあげることにする。

＊

ちなみに、女のオルガスムについてもふれておこう。

「男のオルガスムは雪崩《なだれ》のように落ちるが、女のオルガスムは静かに消える」という名言を吐《は》いたのは、オットオ・アドラーである。男女のオルガスムがまったく相異《あいこと》なった様相を示すのは、周知の事実だが、果たして男の感覚と女の感覚と、いずれがより大きいかという問題については、論ずるだけ無駄《むだ》であろう。どだい比較は無理なのである。

ギリシア神話に出てくるテーバイの占《うらな》い者ティレシアースは、ゼウスの感覚よりも、その妻ヘーラーの感覚の方が、九倍も大きいと言明したために、神々の罰《ばつ》を受けて、その眼をつぶされてしまった。どうやら男女の性感の比較は、タブーであったらしい。

巷間《こうかん》の俗説では、しかし、女の感覚の方が大きいということになっている。それでも最初のコイトゥスで快感を知る女性が四パーセント、結婚して数週間ないし数カ月後に、はじめてオルガスムに達する女性が五十パーセントというから、質的にはともかく、量的には、この数字は、全男性のオルガスムに到底《とうてい》及ばないであろう。

ナルジャーニ博士は、クリトリスと尿道《にょうどう》とのあいだの距離の大小によって、女性を三つのタイプに分類し、それぞれパラ（近）クリトリス、メゾ（中）クリトリス、テレ（遠）クリトリスと命名した。この距離が二・五センチを越えると、オルガスムの普通の反応が感じられなくなる、というのである。博士は冷感症の原因を、このテレ・クリトリス型にあるとして、外科手術によって、これを治療しようと考えた。ずいぶん乱暴な話である。

実際、多くの女性において、クリトリスの刺戟が性的興奮の決定的要素となっていることは疑い得ないとしても、オルガスムはクリトリスのみに頼らなくても、ヴァギナや、陰《いん》唇《しん》や、子宮頸管《けいかん》の粘膜《ねんまく》によって容易に達成されるのである。

このクリトリスおよびヴァギナの共存は、人間の素質に本来あるべきものとされている両性具有の、明瞭《めいりょう》な証拠であって、女性の場合は男性よりも、それが一層はっきり現われているところに特徴がある。

すなわち、フロイトによれば、「男性では主導的な性領域は一つ、ペニスだけであるが、女性の場合には二つある。本来の女性的なヴァギナと、男性のペニスに類似しているクリトリスとである。わたしたちは、このヴァギナが長いあいだ、あたかも存在せぬものであるかのようになっており、思春期になって、はじめて感受されるようになるのだ、と仮定するのが当を得たことであろうと思う。しかし最近になっては、ヴァギナの興奮も、この幼年期に見られるとするような観察者の声が増してきている」と。(『女性の性愛について』)

性とは何か

生物学的に定義するならば、性交とは、原生動物《プロトゾア》から人類（ホモ・サピエンス）にいたるまで、すべての生物を駆《か》り立てる或る力の衝迫《しょうはく》のもとに、同種の異性同士の二個体が結びつき、その行為によって、男性の細胞《さいぼう》の一部を女性の体内に送りこむようにすること、であろう。

しかし、この定義には、ただちに幾つかの疑問が出されるにちがいない。いったい、その力とは、どんな性質のものか。また、その力と性とは、どういう関係にあるのか。もし男女の結合が受精《じゅせい》という結果をもたらさなければ、その行為は、完全な性交と呼ばれるに値しないか、等々。

この疑問に答えるには、進化《しんか》の果てに最も複雑になった人類の性のメカニズムを考察するよりも、むしろ進化に遅れて、いまだに最も単純な形を保っている原生動物の愛のメカニズムを考察した方が、便利である。原生動物には性はないが、それでもやっぱり、愛の営みを行うのである。

さて、ここに、単細胞動物《たんさいぼうどうぶつ》の愛の行為を、まことに美しい筆致《ひっち》で描き出した生物学者がいる。わたしの大好きなフランスのジャン・ロスタン教授である。現代のプリーニウスとも称すべきこの碩学《せきがく》は、ゾウリムシの接合《せつごう》のありさまを簡潔な詩的な文章で書き綴った。淡水《たんすい》の沼や溝《みぞ》に棲《す》む微細《びさい》な滴虫《てきちゅう》ゾウリムシは、一般に分裂による増殖《ぞうしょく》を行う。すなわち、おのれの唯一の細胞を分裂して、二つの相似たゾウリムシに分れるのである。この分裂は日に一度ないし二度行われるので、二十日もたたぬうちに、たった一匹のゾウリムシから百万匹もの同類が誕生することもある。一年もたてば、天文学的数量に達するゾウリムシの大群がうじゃうじゃ生まれる。性も必要とせず、愛も必要としない繁殖《はんしょく》である。ところが、時たま、この下等動物が、まるで高等動物の性交のような行為にふけるのである。ロスタン教授は、次のように書いている。

「時たま、ゾウリムシは何も食べなくなる。不安そうな様子で、ざわめき立つ。何かを探し求めるかのように、あっちこっち泳ぎまわり、互いに衝突《しょうとつ》し、繊毛《せんもう》をぶつけ合う。やが

クラナッハ「地上の楽園」ストラスブルグ美術館

て二匹が相寄って、結びつく。次には他の二匹が近づく。こうして、ついにはすべてのゾウリムシが二匹ずつ組になる。たぶん、その際、彼らはホルモンのような特殊な液体を出すので、それが水のなかに拡散《かくさん》して、互いに相手を惹《ひ》き寄せる働きをするのだろう。いずれにせよ、二匹のゾウリムシは、ひとたび結ばれると――接合すると――互いに相手を圧迫し、口と口とを押しつけ合う。まるで接吻でもしているような、このからみ合いの次には、さらにもっと親密《しんみつ》な接触がはじまる。彼らのそれぞれの原形質《プロトプラスマ》を包んでいる膜《まく》が、次第に薄くなって、やがて消えてしまうのだ。二つの結びついた細胞は、こうして互いに開《あ》けっ放しの状態になり、自由に交《まじ》り合うことになる。

「この交流《こうりゅう》の状態は、終るまでに約十五分間を要する。それまで元気に泳いでいた一組が、急に水の底で、深い沈滞《ちんたい》に陥ってしまうのだ。が、この不活潑《ふかっぱつ》は見かけだけのもので、細胞の内部では、一種の騒《さわ》がしい運動が行われているのである。各動物の内部では、重大な組織の改造が行われているのである。二つの核《かく》(註・滴虫類には大核と小核とがある)のうちの大きい方が、萎縮《いしゅく》し、崩壊し、ついに原形質の内部で溶《と》けてしまう。と、小さい方の核が伸び、二つに分裂する。さらに、この二つの核のそれぞれが、また二つに分裂する。各ゾウリムシの内部には、こうして四つの核が生ずることになる。やがて、そのうちの三つが消え、最後の一つがまた分裂する。ここまでくると、新たに生じたその二つの核は、もう消えない。こうなって初めて、接合という現象に伴なう本質的な結末——すなわち、二つの結びついた細胞のあいだの実質の交換《こうかん》——が行われるのである。

「二つの核のうちの一つは、じっと動かないでいるが、もう一つは、二つの細胞をつなぐ細い肉の橋によって、向い合ったゾウリムシの内部にもぐりこむ。次いで、この移動する核と移動しない核とが融合《ゆうごう》し、一つの複合した核、接合核《せつごうかく》を形成する。この行為の展開される時間は、ほぼ十五時間である。二つのゾウリムシは、その膜質《まくしつ》の障壁《しょうへき》をふたたび作り、さて、分離しようとする。分離した後、おのおのはふたたび独立し、接合核を分裂させて、また大核と小核とをつくる。表面上、ゾウリムシは結婚前と少しも変っていないように見える。しかし、それは本質的に変化したのだ。その核の実質の重要な一部分を放逐《ほうちく》して、たぶん、一種の有益な浄化作用を行ったのだ。互いに相手に与え合うことによって、いわば半分だけ別のものになったのである。」(『愛の動物誌』より)

＊

この生物学者の珍しい観察《かんさつ》の記録を読んで、わたしたちは、じつにいろいろなことを考えさせられる。まず第一には、性のない下等動物でも、立派に愛の営みを行うということ。第二には、愛の行為と繁殖の現象とは、直接に何の関係もないということ。

繁殖するためには、ゾウリムシは分裂さえすればよいのである。もともと性がないのだから、有性生殖の活動としての性交などという面倒な行為を営む必要もなければ、また両性を惹きつける衝迫、性的誘惑なども、あり得ないはずなのである。それにもかかわらず、彼らは互いに相手を牽引《けんいん》し、互いに結びつき、愛の行為とよく似た行為にふける。これはいったい、何を意味するか。

答は、次のごとくである。すなわち、生命の初歩的な段階を考察することによって得られた基本的な発見は、繁殖の現象と接合の現象とは別のものだということ。そしてまた、愛欲の現象はセクシュアリティ（有性生殖の活動）に先行しているということ。要するに、セクシュアリティは繁殖のための必要条件ではなく、せいぜい一つの生物学的な遊び、贅沢でしかないということ。

生物学的な生命は、繁殖するために性がなくても、必ずしも困らないのである。少なくとも高等動物の生殖は、もっぱら性的活動に依存《いぞん》している状態ではあるが、しかし、自然は種族維持《しゅぞくいじ》のために必ずしも有性生殖を唯一無二《ゆいつむに》の形式として要求するものではない、ということを知っておいても無駄ではあるまい。すなわち、他者の必要を知らない下等生物の多くは、分裂、卵割《らんかつ》、もしくは発芽《はつが》という無性の繁殖にしたがっているのであり、また、ある程度まで高等な動物においても、雌のみが単性生殖あるいは処女生殖を営んでいるという例は、しばしば見られるところであるからだ。人類にしたところで、すでにマリアの処女生殖という伝説があるではないか。いや、伝説でなくて、実際にそういう例が報告されたこともある。いささかサイエンス・フィクション的空想を逞《たくま》しくすれば、将来、人類の種族維持がいつまで有性活動のみに限定されねばならないかは、誰にもよく断言し得る問題ではないのである。

淡水に棲む腔腸《こうちょう》動物ヒドラは、水の温度の変化によって、気ままに有性生殖をしたり、やめたりする。彼らにとって、性の行為は遊びであり、生物学的必要ではないのだ。まったく、贅沢な動物もあればあるものである。種族維持という必要に迫られなくても、また、性の衝動に駆り立てられなくても、動物は本能的に愛欲の行為に赴《おもむ》く。このふしぎな愛欲の衝動とは、そもそも何であろうか。

「その最も原始的な形態において、愛欲は食物の摂取《せっしゅ》と直接に結びついている」とジャン・ロスタン氏はいう、「それはいわば、自己と全く同一ではない、未知の神秘な魅力を示している同類の方へ向って惹きつけられる、存在の飢《う》えともいうべきものである。この存在＝対＝存在の親和力《しんわりょく》、この他者に対する本能的欲望は、ある場合には、二つの主体の親密な最終的な融合《ゆうごう》に帰着することもあり、またある場合には、束《つか》の間《ま》の交渉に帰着することもある。そしてその結果、二つの主体は、以前にあった状態とはやや違った状態になって、互いに離れるのである。哲学者ギュイヨが指摘した通り、個人が《おのれ自身に充《じゅう》足《そく》し得ない》ような膨脹《ぼうちょう》の原理は、すでに盲目的な細胞のなかに現われているのである。愛欲の現象は、単細胞で構成された極微動物《きょくびどうぶつ》、滴虫類においても、すでにはっきり見て取れる」と。

性とは、詮《せん》じつめれば、二元的になった生命の一つの表現形式、としかいえないのではなかろうか。性的結合は、この二元性を克服しようとする一つの方法、単なる一つの方法であって、それ以上でもそれ以下でもないのではないか。

愛欲は生殖本能と混同されるべきでないのと同様、セクシュアリティとも混同されるべきではあるまい。二つの個体を互いに牽引する力は、生殖本能よりも、性的誘惑よりも、じつはもっと大きな何物かの力であって、それは、失われた一元性をふたたび回復するための、ある解放への意志とでも呼ぶ以外に呼びようがないのではないか。

二つの主体の束の間の融合は、単に滴虫類の愛欲の典型的な形式であるばかりでなく、またバクテリヤや、さらにジャン・ロスタン氏の証言を信ずれば、「生命の世界と物質の世界との中間にあるヴィールスや、超顕微鏡的《ちょうけんびきょう》な微生物《びせいぶつ》たち」のもとにおいてさえも、はっきり認められるのである。ロスタン氏にならって、この生命現象に普遍的な愛欲の衝迫を「膨脹の原理」と呼ぼうと、「存在＝対＝存在の親和力」と呼ぼうと、あるいは「存在の飢え」と呼ぼうと自由であるが、生物たると無生物たるとを問わず、ある一つの宇宙的な力、二元性を解消《かいしょう》して原初《げんしょ》の一元性、原初の無差別性を回復しようとする、盲目的な力にすべての物質が支配されていることを、わたしたちは驚きの念とともに認めねばならぬであろう。（物質とエネルギーの循環的《じゅんかん》な変化の過程を見よ）。

＊

プラトンは、人類の祖先はアンドロギュヌス（両性具有者）であると述べた。名高い『饗宴《きょうえん》』のなかの「愛慕《あいぼ》の説」によると、――原初の人間は両性具有者であって、その容姿は球形であり、周《まわ》りをぐるりと背中と横腹が取り巻いていた。ところが、驕慢《きょうまん》な人間どもは神々に逆《さか》らって、天上への登攀《とうはん》を企《くわだ》てたので、ゼウスが怒って、彼らの我がままをやめさせる目的で、すべての人間の身体を二つに切断した。それ以来、人間は本来の姿が二つに断ち切られてしまったので、みなそれぞれ自己の半身を求めて、ふたたび元の一身同体になろうと熱望するようになった。……

このアンドロギュヌスの神話は、性というものの深い意味を考える上に、きわめて重大な示唆《しさ》をふくんでいる。つまり、性的な牽引力とは、原初の一身同体にふたたび還帰《かんき》しようとする熱望なのであって、性が分離したということは、それ以前に未分化《みぶんか》の状態にあったところの、後に性として発現《はつげん》すべき、潜在的《せんざい》性質の存在を予想させるのである。分離したからこそ、ふたたび結びつこうとする志向があるのである。

統一すべき一つの離反としての、満たすべき一つの欠如《けつじょ》としての、こうした性の概念は、もとより繁殖の機能とは何ら関係がない。それはいわば世界の物理的法則であり、遍在《へんざい》するエロスの形而上学的法則である。エロスの運動は、生殖に奉仕しないのである。

生命の膨脹の原理もさることながら、わたしたちは、生物・無生物に共通な、原初の単一性に回帰しようとする一つの傾向、融合と統一への傾向を認めないわけには行かない。この退行的傾向《たいこうてきけいこう》を、フロイトは適切にも「有機的な弾性《だんせい》」と称した。「要するに、衝動とは」とフロイトはいう、「生命ある有機体に内在する衝迫であって、以前のある状態を回復しようとするものであろう。以前の状態とは、生物が外的な妨害力《ぼうがいりょく》の影響のもとで、放棄せざるを得なかったものである。また衝動とは、一種の有機的な弾性であり、あるいは有機的生命における惰性《だせい》の表明であるともいえよう。」(『快楽原則の彼岸』より)

ちょうど弾力的なバネがもどるように、人間をも含めたすべての生物は、以前にあったところの両性具有の状態、性が分離する以前の未分化の状態に、ふたたび戻りたいという衝動に否応《いやおう》なく駆り立てられるのである。これがフロイトのいわゆる「有機的な弾性」であって、彼はこれを「ニルヴァーナ原則」、死の衝動として定義づけた。

ちょっと見たところ、性の衝動は、種族の繁殖に直接つながる生命の前進的、建設的な表現のように見えるのであるが、じつは、むしろ後退的、破壊的な表現といった方が当っているのであって、死の衝動と不可分一体なのだ。生物はニルヴァーナ、つまり、寂滅の境を求める本能を有しているのである。フロイトが生涯の最後に発見した、有機的生命を支配する衝動は、一言をもってすれば、無機物に還るという衝動でしかなかった。

プラトンの両性具有に関する理論を想い起しながら、フロイトは、性欲の退行的な性格を説明するために、「生命ある物質は生を享《う》けた際に、小部分に引き裂かれ、これら小部分はそれ以来というもの、性的衝動によってふたたび結合しようと努めている」のではなかろうか、と疑問を投げかけるのである。

アンドロギュヌスの神話といい、死の衝動といい、それはすでに心理学の領域にはなく、美しい詩的な文明論の領域にある、といえるかもしれない。科学的ではない、空想的な理論だとして非難されるかもしれない。

ともあれ、深層心理学が神話に合理的な説明をつけ、神話を破壊するというのは俗説《ぞくせつ》であって、むしろ人間の空想的な思考を復権《ふっけん》せしめるものこそ、深層心理学であると納得した方がよい。神話はつねに科学の仮説《かせつ》よりも一歩先んじているので、科学上の観察や実験がこれに追いつけないというだけの話である。

しかし、滴虫類の接合の現象を観察して、わたしたちの知り得たことは、二匹のゾウリムシがまるで一個のアンドロギュヌスのように、愛の行為にふけったという事実であった。無性の下等動物が、まるで有性の高等動物のような営みにふけるとは、何という驚異であり、何という神秘であろう。

ここで、最後にふたたび愛欲の意味を考えるならば、愛欲が性への隷属下《れいぞくか》にあるのではなく、性を乗り超《こ》えてさらに広大であることを、わたしたちは二匹のゾウリムシの無性の婚姻《こんいん》という事実によって、教えられるのである。エロスの運動は、生物の普遍的な属性《ぞくせい》であることを知るのである。

性を生殖に奉仕させる思想、性の活動を生産的なものとして理解するブルジョア的思想の俗悪さに、わたしはつくづく厭気《いやけ》がさしている。それは俗悪であるばかりか、科学的にも正しいとはいえないであろう。

性を生物学的な一つの遊び、一つの贅沢として理解する思想の、革命的な正しさと美しさとをもっと強調する必要があろう。

コンプレックスについて

コンプレックスという精神分析学上の用語は、「複合」と訳されるが、すでにわたしたちの卑近《ひきん》な日常会話でも、しばしば使われる便利な手垢《てあか》にまみれた言葉になってしまった。「あいつはコンプレックスの塊まりだ」などと、わたしたちは平気でいう。しかし、厳密《げんみつ》に考えれば、そもそもコンプレックスのない人間はいないのである。

コンプレックスとは、強い感情をおびた非合理的な表象または表象群であり、とくに無意識ではあるが、症状形成や行動の上に著しい影響力をもつものをいう。現実意識と反撥《はんぱつ》する感情的経験は、無意識のうちに抑圧されながらも永く保存され、間接に現実意識を制《せい》肘《ちゅう》するのである。この言葉を最初に用いたのはユングであるが、彼は、意識の抑圧によって分離した自我の一要素を、コンプレックスと呼んだのである。そうだとすれば、これは病理学的なものでも異常なものでもなく、多かれ少なかれ、誰にでもあり得るものだということになる。

精神分析学は神話や伝説のなかに、人間心理の原型を好んで見出す傾向があるので、今までに発見された幾つかの登録済みのコンプレックスのなかにも、いろんな面白い名前のついているものがある。次に、それらを一つ一つ例示して説明してみよう。いわば、コンプレックスの総目録《そうもくろく》を作ってみよう、というわけだ。

＊

まず、誰でも知っているいちばん有名なのは、**エディプス・コンプレックス**であろう。これはテーバイの王エディプスが、それと知らずに父を殺し、母と結婚したというギリシア神話から採ったもので、母親を所有したいという息子の願望をあらわす。母親に対する息子の漠然《ばくぜん》とした性的愛着であり、その一方には、父親に対する敵意や嫉妬《しっと》がふくまれている。フロイトの精神分析は、このエディプス・コンプレックスが中心的な観念になっていて、あらゆる神経症《ノイローゼ》（ことにヒステリー）は、これに起因すると見られている。なお、エディプス・コンプレックスは、北欧神話の英雄の名前を借りて、**ジークムント・コンプ**

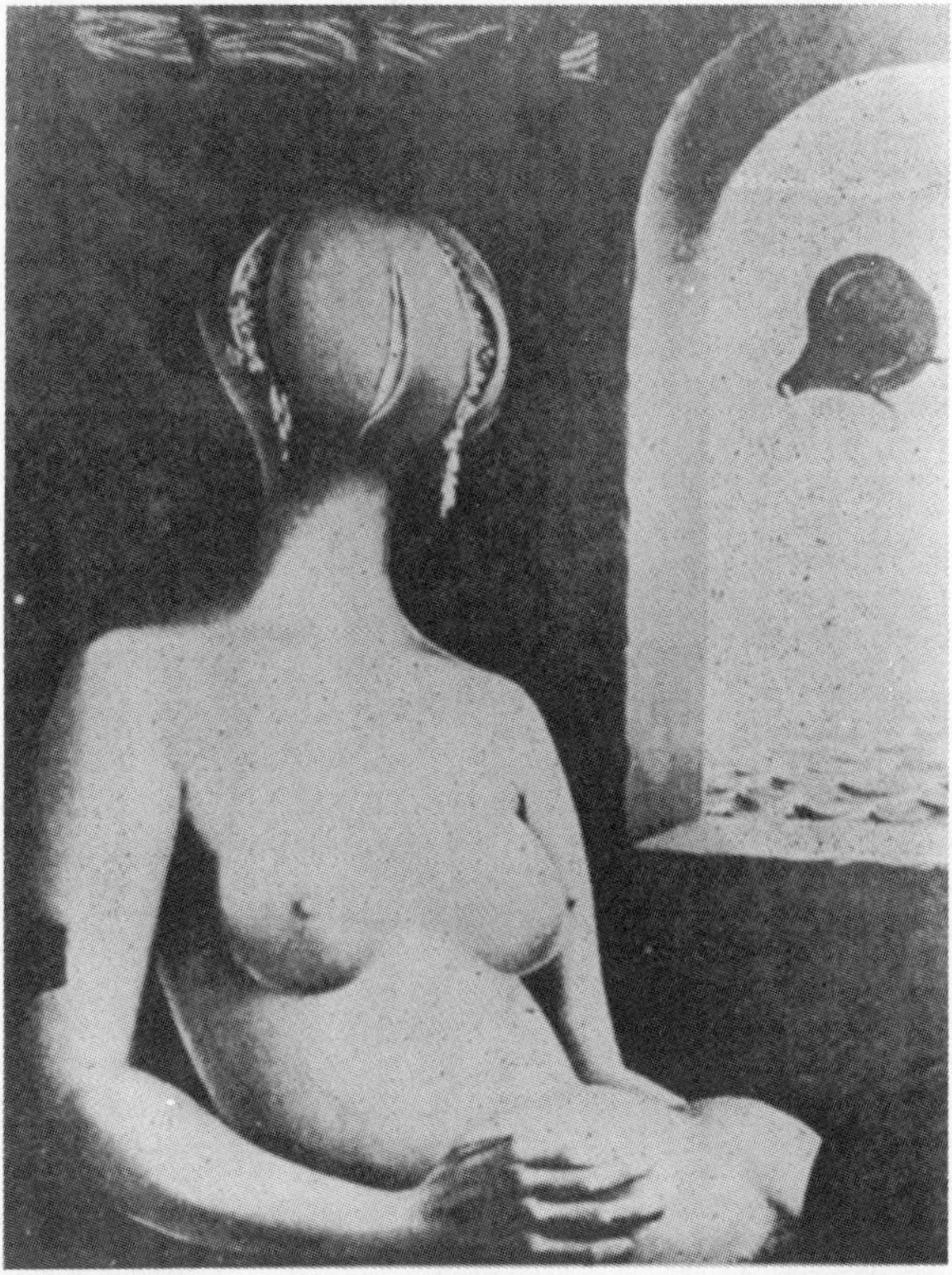

フェリックス・ラビッス「レオナルド・ダ・ヴィンチの聖告のモデルになる若い女」1946年

レックスと呼ばれることもある。

女の子の場合は、これが逆になって、父親に対する愛着と母親に対する敵意から成り立つが、これをとくに**エレクトラ・コンプレックス**と名づけることもある。エレクトラは、やはりギリシア神話で、ミュケナイの王アガメムノンとクリュタイムネストラとの娘であり、父が母に殺害されて後、弟のオレステスを助け、父の仇《あだ》を討った勇ましい女性である。母親を殺したオレステスは、親友ピュラデスと姉とを結婚させるが、良心の呵責《かしゃく》のため気が狂ってしまう。**オレステス・コンプレックス**とは、したがって陰性《ネガティブ》のエディプス・コンプレックス、あるいは潜在的《せんざいてき》な同性愛をあらわす。同性愛的傾向を有する神経症者のなかには、無意識に自分の妻を親友のもとに走らせたいという衝動《しょうどう》に攻《せ》められる者があるのである。しかも、彼は親友に対して嫉妬する。

これとよく似たものには、**マルク王コンプレックス**がある。マルク王はケルト伝説のなかで、アイルランド王女イゾルデを迎えるため甥《おい》のトリスタンを遣《つか》わす人物である。つまり、これもまた、三角関係を進んで作り出し、みずからそれに悩むという両極性《アンビヴァレンツ》の持主なのだ。自己懲罰《ちょうばつ》の無意識の欲望でもあり、また同性愛的傾向も認め得る。

息子と母との相姦《そうかん》関係がエディプス・コンプレックスと呼ばれるように、父親と娘との相姦関係は、**テュエステス・コンプレックス**と呼ばれることもある。この言葉は一九四三年、ギリシア神話学者のN・N・ドラクリデスによって創始された。テュエステスは義兄アトレウスのために三人の子供を殺されたのを怒って、神託《しんたく》にしたがい、自分の娘ペロペイアと通じて、一子アイギストスを儲《もう》け、この子によってアトレウス一族に復仇《ふっきゅう》をとげようとした。かくてアイギストスは、アトレウスの子アガメムノンを、その妻クリュタイムネストラと通謀《つうぼう》して殺し、父の一念を晴らしたのである。

ところで、今では廃止された用語に、**クリュタイムネストラ・コンプレックス**というのがある。彼女は今も述べたように、アガメムノンの妻で、エレクトラ姉弟の母であるが、自分の夫を殺し、さらに夫の女奴隷カッサンドラをも殺した。彼女の場合は、明らかに病理学の症例であって、コンプレックスというようなものではないのである。しかし初期のフロイトの著作（たとえば『トーテムとタブー』など）では、このクリュタイムネストラ・コンプレックスは、群族《ホルド》の罪に対する警告と重婚《じゅうこん》の習慣をあらわしているのである。

エディプス的な反抗の特殊な形として、ルネ・アランディ博士の命名した**アリストテレス・コンプレックス**がある。周知のように、アリストテレスは師プラトンの業績を凌駕《りょうが》した。このコンプレックスの特徴は、弟子の師に対する同性愛的固着《こちゃく》と、去勢《きょせい》コンプレックスへの傾向である。そしてこの傾向は、師の作品を破壊《はかい》したいという欲求のうちにあらわれる。別名を**ブルータス・コンプレックス**ともいう。「ブルータス、お前もか」のブルータスである。

一方、ガストン・バシュラールによって定義されたプロメテウス・コンプレックスは、父や師の定めた禁を犯してまでも、秘密を知りたいと願う人間の衝動である。いわば、純粋な知性の面におけるエディプス・コンプレックスだ。プロメテウスの神話については語るまでもなかろう。

エディプスは知らずに母を犯したのであったが、ロオマの皇妃アグリッピナは、意識的に息子ネロを誘惑《ゆうわく》しようとした。そこで、近親相姦への意識的な欲求を、**アグリッピナ・コンプレックス**と呼ぶことがある。もっとも、こうなると、フロイトの無意識の説は混乱してしまうだろう。

去勢コンプレックスは、フロイトの公式によると、「僕は去勢されるのが怖い。ペニスを失いたくない」という男の子の妄想《もうそう》のうちに示される。この公式を女の子に適用するのは困難のように思われるかもしれないが、女の子もまた、もともとペニスを持っていたのだが、母あるいは父に去勢されて失くなったのだ、という考えをしばしば抱いているものなのである。したがって、それはペニス羨望《せんぼう》という形であらわれる。去勢コンプレックスは、また同時に去勢されたいという願望、あるいは、すでに去勢されてしまったのだという妄想に転化することもある。

女の子のペニス羨望をディアナ・コンプレックスと称する。ディアナはゼウスの娘であるが、世のつねの少女のように、糸を紡《つむ》いだり織ったりするのを好まず、髪を白い紐で束《たば》ね、弓矢を手にして、山野を駈《か》けまわり、もっぱら狩猟《しゅりょう》に日を送る。つまり、彼女は男のつもりなのだ。フロイトによると、こうした傾向は「女性の心理的同性愛」であり、アドラーによると「男性的抗議」である。

逆に**ダフネ・コンプレックス**は、性愛一般を恐怖する若い娘の感情をあらわす。つまり、ペニスで突き通される恐怖である。ダフネはクピドに鉛の矢で射られ、アポロの求愛を嫌って逃げまわり、ついにゼウスによって月桂樹に変えられた若いニンフである。

アンティゴネ・コンプレックスは、見かけに反して母親に固着し、人生や恋愛の法則を受け容れることができない娘をいう。アンティゴネは盲《めし》いた父エディプスの伴侶《はんりょ》となって、各地をさまようが、父の死後帰国し、兄ポリュネイケスの死骸を、クレオンの命に反して葬《ほうむ》った。そのため、生きながら岩穴に閉じこめられ、ついに縊死《いし》する。

不死身の体力を誇《ほこ》っているが、じつは無能であり、性的な劣等感に悩んでいる人間を、**アキレウス・コンプレックス**の持主と称する。実際、豪勇をもって鳴った英雄アキレウスには、人にいえない弱点、いわゆる「アキレウスの踵《かかと》」があって、ここを射られればたちまち死ぬのだ。また彼は子供の頃、女装して娘たちのあいだに暮らしていただけに、臆病《おくびょう》なところもあり、親友パトロクロスに対しては、ひそかに同性愛的な感情をいだいていたとも伝えられる。

ハガル＝サラ・コンプレックスというのは、女を無意識に二つの種目に分類しようとする男の傾向である。すなわち、愛してはいるが、手をふれる気にはならない女（母のイメージ）と、肉欲の対象として手をふれるが、少しも愛してはいない女の二種類である。これは女流精神分析学者のマリイズ・ショワジイが、旧約聖書から採った言葉で、サラはアブラハムの妻であり、ハガルはエジプト人の奴隷娘であった。アブラハムは妻の同意のもとに、この奴隷娘と日夜たわむれていたが、彼女がイシマエルという男の子を生むと、サラは夫に迫って、ハガル母子を沙漠に追い払わせたのである。

同じく旧約から採った用語に、シャルル・ボオドワンの創始になる**カイン・コンプレックス**および**アベル・コンプレックス**がある。申すまでもなく、カインは弟に対して不当に敵意を燃やした。一般に、弟が兄に競争心を燃やすのも、この兄の敵意に対する自然の反応であるとされている。フロイトによると、法律の基礎には、この兄弟間の潜在的な競争心があるという。アベル・コンプレックスは、逆に善意と犠牲者の感情をあらわす。

リリト・コンプレックスは、男に特有な神経症の徴候《ちょうこう》で、自分自身の女性的な要素を、母の影像《イマーゴ》の痕跡《こんせき》の全くない女の上に投射しようとする傾向である。リリトは伝説によると、イブの前にアダムの妻だった女で、子供を食い殺す美しい魔女でもあった。イヴは多産な女の象徴、リリトは美人ではあるが、石女《うまずめ》の象徴である。エディプス・コンプレックスとともに、これは人類の両性性《りょうせいせい》の最も古い心的表象と考えられる。

シラノ・コンプレックスは、迂遠《うえん》な方法で自分の欲望、野心などを満足させようとする態度をさす。他人の成功の裡に、自分自身の成功にひとしい喜びを発見するのである。このコンプレックスの基礎は、自分の感情的生命を他人の上に投射することによって得られる、同一視の過程にある。それが昂進《こうしん》すると、罪悪感、自己懲罰、マゾヒズムとなる。

現実原則に逆らって、理想の女を探そうと夢中になる傾向を**ドン・ジュアン＝コンプレックス**という。このコンプレックスの基礎には、しばしば少年の母親に対する極端な固着が認められる。つまり、大人になってもエディプス的な抑圧が解消されなかった場合である。彼は女から女へと渡り歩いて、母親を求め、つねに裏切られて、女たちに復讐をする。最後に女の夫（または父親）を傷つけるのだが、これは象徴的に彼自身の母親の夫（つまり彼自身の父親）を傷つけたことを意味する。マラニョンのような学者は、内分泌学的《ないぶんぴがくてき》な見地から、ドン・ジュアンを一種の性的不能者と見なしている。

これが女の場合には、北欧神話から名を借りて**ブルンヒルデ・コンプレックス**と呼ばれる。英雄あるいは超男性を求める女の心理であるが、ひとたび結婚すれば、たちまち彼女は夫を卑《いや》しめ遠ざける。このコンプレックスは、とくに女に多い映画俳優や歌手にあこがれる心理、フロイトのいわゆる「遠くからの愛」の概念に通じるものがあろう。

ハムレット・コンプレックスは、また挫《ざ》折《せつ》コンプレックスとも呼ばれる。罪悪感にとらわれているハムレットは、何をやっても成功しない。結局、彼が死ぬのはクローディアスの陰謀の結果というよりも、自己懲罰の結果という方が当っているのである。攻撃性を自己自身に反転させて、恋愛においても社会生活においても、すべて挫折するようにみずから進んで行動する。これが神経症者の自己懲罰のメカニズムである。

アンフィトリュオン・コンプレックスも、超自我との葛藤《かっとう》によって惹き起された挫折コンプレックスの一種である。アンフィトリュオンはペルセウスの孫で、アルクメネの許婚《いいなず》者《け》であったが、誤って彼女の父を殺してしまった。その後、ゼウスが彼の姿に身を変じて、アルクメネの寝所に入り、彼女と交わってヘラクレスを生んだ。オットオ・ランクによれば、ドン・ジュアンはアンフィトリュオン神話の近代的表現である。

ポリュクラテス・コンプレックスも、挫折コンプレックスの重要な一変種である。彼はサモス島の僭主《せんしゅ》で、栄華をきわめ、あまりの幸福に不安をいだいた。神々に捧げようとして、海に指環《ゆびわ》を投げると、やがて食卓に供された魚の腹のなかから、その指環が出てきた。彼はますます不安になる。幸福や成功に堪えるのは、自由に堪えるのと同じくらい困難だ、というわけである。

何度も手を洗わないではいられない偏執《へんしゅう》をあらわす言葉に、**マクベス夫人コンプレックス**というのがある。これも明らかに、無意識的な罪悪感の徴候であろう。

売淫コンプレックスは、あらゆる情緒の倒錯した表象を示す。強度に激しくなると、女は実際に身を売りたい衝動に駆られる。軽い程度では、幻想を抱くだけである。このコンプレックスは、父に対する失望、あるいは男一般に対する憎悪から生ずる。父親一人に軽蔑されたために、すべての男に見放されたと思いこんでしまうのである。

離乳コンプレックスの起源は、小児の生活において最も早くあらわれる。それは誕生の外傷《トラウマ》の結果であって、下手に離乳させられた小児が受けるショックは、ずっと後になって重大な神経症の原因となることもある。

しゃぶりコンプレックスも、その一変種で、あらゆる口唇《こうしん》領域的な傾向、母の乳房への激しいノスタルジーを保存し、男の場合には、飲酒や喫煙に対する強い誘因《ゆういん》を伴なうようになる。つまり、アルコールが母乳の代理表象になったわけである。

エンマ・コンプレックスは、ボヴァリズムとも呼ばれ、現実の機能を破壊した分裂病のメカニズムをあらわす。申すまでもなく、フロオベエルの小説の女主人公の名前から採ったもので、彼女は、現実の自分とは違った自分を空想した一種のナルシストであった。

変ったコンプレックスとしては、**自動車コンプレックス**などと呼ばれるものがある。多くの強迫《きょうはく》患者に認められる徴候で、アドラーによれば、速度への極端な関心は、優越性を求める病理学的な傾向にほかならないのである。外向性の人よりも内向性の人の方が、車をゆっくり運転することをアドラーは証明した。一般に、車を利用したがる偏癖《マニア》は、不快な心理的状況から脱出すること、母の前から逃走することにひとしいという。

それと関連して、**ジュール・ヴェルヌ＝コンプレックス**をも挙げておこう。かつて母親の庇護《ひご》のもとに存在した、失われた楽園を求めて出発する室内探検家のコンプレックスである。いわゆる「胎内瞑想《たいないめいそう》」とも近い。

最後に、**自己聖化のコンプレックス**がある。アドラーはこれを「神にひとしい存在たらんとする傾向」と定義した。自己聖化の意志と人間的な状態とのあいだに、ある裂け目が生じ、時としてそれがドラマティックな色合をおびる、クロオド・エドモンド・マニイによれば、芸術上の超現実主義は、このドラマの表現である。「神になりたいと一度も考えたことのない人間は、人間以下である」とヴァレリイもいっている通り、芸術という一種の神経症も、コンプレックスがなければついに成立しないのだ。

近親相姦について

近親相姦《きんしんそうかん》は、アフリカの原始社会からヨーロッパの文明社会にいたるまで、世界中で最も広範に認められている厳粛《げんしゅく》なタブーである。近親相姦という言葉を聞いただけでも、恐怖《きょうふ》の表情を泛かべる気の弱い人もいる。しかし、いったい、近親相姦はなぜ禁止されねばならないのであろうか。

この疑問にただちに明快な答を出すのは、きわめて困難であろう。たしかに現代人には、血族結婚が優生学的に悪い結果をおよぼすものであるという、一種の抜きがたい信仰がある。しかし、遺伝学や優生学の観念がひろまったのは、ごく近年のことであって、民族学者のレヴィ・ストロースによれば、「それは十六世紀以前には、どこにも現われていなかった」のだ。大昔の人間や原始人は、優生学など知りはしない。のみならず、最近の臨床《りんしょう》学的《がく》な観察によれば、血族結婚から劣弱《れつじゃく》な素質の子供が生まれるという巷間《こうかん》の信仰に、何ら根拠《こんきょ》のないことが証明されてもいるのである。したがって、優生学的見地から近親婚の禁止を擁護する、モルガンなどの民族学者の意見は、すでに時代遅れと申さねばならないだろう。

それでは、次に、これを禁止すべきどんな理由が考えられるだろうか。ある人々の意見では、近親婚のタブーは人間の自然の感情の反映であり、それの違犯《いはん》は、本能的な嫌悪を呼び起すという。

しかし、すでにレヴィ・ストロースが『血族の基本的構造』で示したように、「禁止」はそれだけ切り離しては説明不可能であり、つねに「特権」と結びつけて考察されなければ片手落ちなのである。古代エジプトの王《ファラオ》が自分の姉妹と結婚したのは、国家の制度のためであり、神聖な「特権」によるものであった。すなわち、母や姉妹と近親婚をすることを許されるのは、いつも特別な人物なのである。それは伝説では、神か英雄であり、実際生活では、僧侶か王である。一般民衆には、このような特権は許されなかった。したがって、彼らには羨望《せんぼう》の念こそあれ、少なくとも本能的な嫌悪などは、誰も感じていなかった筈《はず》なのである。

このレヴィ・ストロースによる「禁止」と「特権」の関係の発見は、精神分析による夢や神話の解釈とも一脈通じるものがあるだろう。すなわち、禁止されていればこそ、近親相姦の強迫観念《きょうはくかんねん》は普遍的に存在しなければならない筈《はず》なのである。もしそうでなければ、どうして人類が、この禁止をあれほど物々しくタブー視する必要があったのか。どうして世界各国の倫理《りんり》学者が、大昔から、この問題にあれほど厳しく対処する必要があったのか。もしそれが人間の性情に反し、本能的な嫌悪を呼び起すようなことだったら、どうして峻《しゅん》厳《げん》な法律が制定されたりする必要があったのか。どだい、本能的な嫌悪などと称して済《す》ましていられると思ったら、とんでもない間違いであろう。事情はむしろ逆なのだ。

第一、動物のあいだには、タブーは存在しない。タブーは人類が動物からホモ・サピエンスに移行するとともに、歴史的に発生したのである。したがって、この問題には、ホモ・サピエンスの揺籃期《ようらんき》における、人類の脱皮に伴なう苦渋がにじみ出ている、と見なければならないだろう。

次に、歴史的な解釈を幾つか述べてみよう。

未開社会に存する掠奪婚《りゃくだつこん》から類推して、異族結婚を婚姻の原始形態と考えたのは、イギリスの社会学者マクレナンである。またフランスのデュルケムも、氏族《しぞく》のなかで流された血（女の月経の血も含まれる）が、同じ氏族の男にとってはタブーとされるが、異なる氏族の男にとってはタブーではないということから、やはり原始の異族結婚説をとっている。なるほど、これらの社会学者の説には、論理的に不都合なところはないであろう。が、これだけで近親相姦のタブーが、すべて説明されるというわけには行かないようだ。やはりフロイトの仮説を援用《えんよう》する必要があろう。

ところで、フロイトは、動物から人間への移行の過程に、いわゆる父親殺害という独特な考え方を導入する。つまり、共同体の権力者である父親を殺した兄弟たちは、互《あい》いに相反目《はんもく》して争うが、やがて彼らのあいだに和解、一種の社会契約が生じ、その結果、彼らは、父親がかつて独占していた母や姉妹たちを手に入れようという望みをも断念するのである。これが衝動放棄であり、制度の発生であって、こうして近親婚のタブーや、異族結婚の掟《おきて》が生まれるわけである。フロイトが『トーテムとタブー』のなかで呈出したのは、このような仮説であった。このフロイトの人類神話には、きわめて大胆な推測《すいそく》があるけれども、それが人類の今なお生きている強迫観念の表現であるという点において、社会学者の解釈よりも抜きんでた、すぐれた価値を認めねばならぬだろう。

レヴィ・ストロースは、この点について次のように適切に述べている。すなわち、「フロイトが巧みに説明するのは、文明の発端《ほったん》ではなくて、文明の現在である。母や姉妹に対する所有欲とか、父親の殺害とか、息子たちの後悔とかいったことは、むろん、歴史のなかに決まった場所を占めるどんな事実とも、符節《ふせつ》を合するものではない。にもかかわらず、それらは象徴的な形で、いつまでも続く古い過去の夢を語っているのだ。この夢の呪縛《じゅばく》、知らぬ間に人間の思想を形成して行くその力は、まさしく、この夢の喚起《かんき》する行為が決して犯されたことがなかったという事実から由来している。何となれば、文明はつねに到るところで、この夢と決定的に対立しているのであるから」と。

*

わたしたちが近親相姦という言葉によって、ただちに念頭に思い浮かべるのは、ギリシア神話のエディプスの物語と、聖書の創世記《そうせいき》にあらわれる「ロトの娘たち」の伝説である。ここでは、後者をとりあげよう。

アブラハムの甥であるロトは、崩壊《ほうかい》するソドムの町を脱出する途中、愛する妻を喪《うしな》うが、二人の娘とともに無事に山の中に逃げのびることができた。彼は娘たちと一緒に洞穴《ほらあな》に住んでいた。あるとき、姉娘が妹娘にいった、「あたしたちのお父さんも、すっかり年をとってしまったけれど、この地方には、あたしたちと結婚してくれる男の人もいないわ。ねえ、お父さんにお酒を飲ませ、一緒に寝て、お父さんから子供を授けてもらいましょうよ」と。そこで二人はその夜、ロトに酒を飲ませ、まず姉娘が父の寝所に入って行った。

父は泥酔していたので、いつ娘が寝にきて、いつ起きて行ったのか、少しも気がつかなかった。翌日も、二人はロトに酒を飲ませ、今度は妹娘が父と一緒に寝た。このようにして、ロトの二人の娘は父の種を妊《みごも》ったのである。姉は男の子を生んで、その名をモアブと名づけた。妹も男の子を生んで、その名をベニアンミと名づけた。……

以上が、ヘブライズムの歴史に最も古く現われる近親相姦の物語であるが、これはエディプス・コンプレックスというよりも、むしろ女性が積極的な行動を示すエレクトラ・コンプレックスに属するから、フロイトのいわゆる「父親殺害」の原理をそのまま適用するわけには行かぬ。しかし、この両者は要するに、同じ原理の裏と表にすぎないので、ここで改めて、エレクトラ・コンプレックスの由来を説明する必要もあるまいと思う。二人の娘が、子孫を絶やさないために父親と交ったという物語の設定そのものが、このひそかな欲望の社会的性格を物語っている。それは、あえていえば母権制度の欲望とも見ることができよう。

芸術は民族の深層心理にひそんだ伝説や、そこから発する種々のコンプレックスを、忠実に反映するものである。「ウェヌス」や「聖母マリア」のそれと並んで、この「ロトの娘たち」のテーマくらい、古来から、しばしば画家たちの好奇心を惹《ひ》きつけてきたものはない。クラナッハからマックス・エルンストにいたるまで、多くの神経症的な画家が、このテーマの傑作《けっさく》を残している。おそらく、絵を描いている彼らの無意識の奥底には、あの近親相姦のタブーを破りたいという欲望がめらめら燃えていたのでもあろう。

＊

ルネサンス期のイタリアには、わたしの好きな、美しくもまた兇悪《きょうあく》な近親相姦者が何人も登場する。妹ルクレチアに恋したと伝えられる、ロオマのチェザーレ・ボルジアはあまりにも有名だが、リミニの専制君主シジスモンド・マラテスタの名も、逸することができなかろう。彼は、息子ロベルトに男色行為を迫ったのである。

ヨゼフ・ハインツ「ロトとその娘たち」
ドレスデン絵画館

さらに、十四歳になったばかりの自分の娘を監禁し手籠《てご》めにした悪逆無道の放蕩《ほうとう》者、フランチェスコ・チェンチという名門の貴族がある。犠牲《ぎせい》にされた娘ベアトリーチェ・チェンチの肖像は、グィド・レニの筆によって描かれ、ロオマのバルベリニ宮の画廊にあるという。イタリア崇拝《すうはい》熱に浮かされていたスタンダールが、この美しい娘の肖像画を見て、短篇『チェンチ一族』を書き上げたことは、よく知られているし、彼女を主人公にしたシェリイの悲劇も、人口に膾炙している。

ここで、ベアトリーチェの物語を簡単に記しておこう。

ベアトリーチェは父親に貞操を奪われると、勃然《ぼつぜん》として復讐を思い立ち、母親と兄ジアコモとを語らって、たぶん彼女の恋人であったと思われる、執事《しつじ》のオリンピオに命じ、ある夜、阿片《あへん》を飲まされて熟睡している父を殺させたのである。刺客《しかく》が去ると、母娘は二人で、死骸の眼玉と首に突き刺さった大釘を抜き、シーツで血みどろの死体をくるみ、庭に生《お》い茂った接骨木《にわとこ》の上にこれを投げ棄てた。世にベアトリーチェが「美しき親殺し」という渾名《あだな》で呼ばれているのは、この父親殺害のためである。

やがて告発する者があって、チェンチ一族の四人、母と娘と二人の息子とは、サン・タンジェロ牢獄に送られ、さらにサヴェッラ牢獄に移され、そこでいろんな怖ろしい拷問にかけられた。しかしベアトリーチェは顔色ひとつ変えず、吊るし刑の責苦《せめく》によく堪えたという。髪の毛で吊るしたり、逆さに吊るしたりする残忍な拷問であった。

法王クレメンス八世はチェンチ一族に同情していたが、当時、イタリアでは近親に対する殺害が頻々《ひんぴん》として起っていた。この傾向を黙許《もっきょ》するわけには行かず、ついに法王は、死刑の判決に同意を与えざるを得なかった。

処刑の日、ロオマのサン・タンジェロ橋前の広場には、一種の原始的なギロチンである「斧《マンナイア》」と称する断頭台が立てられ、大勢の見物人が黒山のように群がった。絶世の美人として評判の高かった「親殺しのベアトリーチェ・チェンチ」を、一目でもいいから見たいという気持なのであろう。「斧《マンナイア》」というのは奇妙な刑具《けいぐ》で、処刑される者が、板の台の上に馬乗りに跨《また》がるのだそうである。ベアトリーチェは「立ちあがり、祈りを捧げ、階段の下に靴を残し、断頭台にのぼるや、身軽に台に跨がり、首を斧の下にさし出し、死刑執行人から触れられるのを避けようとして、自分から具合のよい姿勢をとった」とスタンダールが報告している。

斧が彼女の繊細な首を断ち切ったとき、この近親相姦の犠牲者、ベアトリーチェは十六歳であった。

＊

思いつくままに挙《あ》げれば、詩人バイロンとその姉オーガスタとの怪しげな関係、哲人ニーチェとその妹エリザベエトとの奇妙な結びつきも、天下周知の事実である。

文学作品から近親相姦の例を拾うとするならば、むろん、まずサド侯爵《こうしゃく》の作品に目をつけなければなるまいが、ここには、あまりに豊富な例がありすぎるようだ。ごく最近では、ロレンス・ダレルの「アレクサンドリア四重奏」のなかに、自殺する作家のパースウォーデンと、その盲目の妹ライザとの、じつに美しい罪の愛のエピソードが描かれていたのを印象ぶかく想い出す。「すばらしい完璧《かんぺき》な幸福、それから……ある日、鉄の鎧扉《よろいど》のように、罪が落ちてくる」とライザは、震える声でささやくのだ。

そうだ、忘れていた！　トオマス・マンの晩年の作品『選ばれし人』がある。これは、『羅馬逸話集《ゲスタ・ロマノルム》』や中世ドイツの叙事詩人ハルトマン・フォン・アウエの詩篇から題材を借りて、ロオマ法王グレゴリウスの生誕の伝説を見事に小説にしたものであり、近親相姦文学の決定版とも称すべきものだ。

主人公グレゴリウスの怖ろしい境遇は、まことに罪深い異常さにみちみちている。王家に生まれた双生児《ふたご》の兄妹が、道ならぬ愛情をいだいて、美しい男の子を生んでしまう。これがグレゴリウスだ。父親は罪を悟《さと》って、パレスティナへの巡礼の途上、死んでしまう。

子供は母に棄てられ、樽《たる》に入れられて海に流される。が、ある地方の敬虔《けいけん》な修道院長に拾われ、養育されて、心身ともに立派な若者に成長する。たまたま、若者グレゴリウスは自分の誕生の秘密を知り、聖地巡礼を思い立つが、そこには行きつかずに、母の治める市《まち》に漂着し、それと気づかず彼女に仕える身となって、大いに武名を馳《は》せる。むろん、母親の方も、若者が自分の子だとは少しも気づかない。

こうして、ついにふたたび怖ろしい事態が持ちあがる。すなわち、兄妹の相姦から生まれた罪の子が、今度は母と契《ちぎ》りを結ぶのである。

グレゴリウスは、ふしぎな運命の導きによって、かつて自分がそこから生まれ出た母親の子宮を、ふたたび訪れることになったのだ。二重の近親相姦！

「あなたはわたしの唯一人の子で、しかも、わたしの夫です。あなたはわたしの息子で、同時に、わたしの兄の息子です。ああ神さま、なぜわたしに生を与え給うたのでしょう！」と母親は絶望して叫ぶ。

その後グレゴリウスは、荒海に臨《のぞ》む岩の上で、十七年間、信じられないほどの苦行をつづけ、その果てに、報《むく》いられてロオマ法王にまで昇進するのだ。極端な罪業《ざいごう》から極端な贖《しょく》罪《ざい》へ、そしてさらに、極端な聖徳への転身である。——まことに不思議な伝説であり、罪を負った人間精神というもののゴシック的な峻烈《しゅんれつ》さ、高貴さ、美しさを、まざまざと暴き出した物語ともいうべきであろう。

トオマス・マンが双生児の兄妹の愛情交換を描いた場面は、まさに天上的な美しさに達している。もし読者のなかに、近親相姦というものを醜《みにく》いものだと信じている方がいたならば、一度、こういう作品に目を通してごらんになるとよろしい。

「重要なのは、その表現の仕方であって、それによって表現されたものなのではない」とヘンリイ・ミラーが書いている、「もしそれで人間を解放することができるものならば、わたしは獣姦《じゅうかん》でも、公衆の面前での交接でも、近親相姦でさえも、すべて奨励《しょうれい》していいと思う。殺人をも含めて、それ自体が間違っているとか、悪いとかいうものは何もないので、間違っているのは……自己を表現することを恐れることなのである」と。(『性の世界』)

愛の詩について

わたしの女は火の髪の毛　樹の髪の毛
そして　熱の閃《ひらめ》きの思想
わたしの女は　砂時計の体軀《からだ》
虎の歯のあいだの川獺《かわうそ》の体軀
わたしの女は　花結びの口　六等星の花束の口
白い地面の上に白い二十日鼠の刻印した歯
琥珀《こはく》の舌　磨《みが》いたガラスの舌
わたしの女は　短刀で刺された聖体パンの舌

眼をあけたり閉じたりする人形の舌
途方もない石の舌
わたしの女は　子供の書く字《じ》劃《かく》の睫毛《まつげ》
燕《つばめ》の巣の縁《ふち》の眉
わたしの女は　温室の屋根のスレートの顳顬《こめかみ》
そして　窓ガラスの湯気の顳顬
わたしの女は　シャンパン酒の肩
そして　氷の下の海豚《いるか》の泉の肩
わたしの女は　マッチの軸木《じくぎ》の手首

これは、シュルレアリスムの詩人アンドレ・ブルトンの書いた、『自由な結合』という詩の冒頭《ぼうとう》の部分の引用である。

ブルトンは、わたしの最も愛する現代詩人のひとりだ。

ごらんの通り、女の肉体のいろいろな部分を、暗喩法《メタファー》によって次々と喚起《かんき》しながら、詩人は一箇の理想的な女の、純化されたエロティシズムを誇《ほこ》らかに歌っている。ともすれば歪《ゆが》んだ倒錯的《とうさくてき》な執着の表現になり勝ちな、女の肉体の具体的な個々の部分にふれながら、

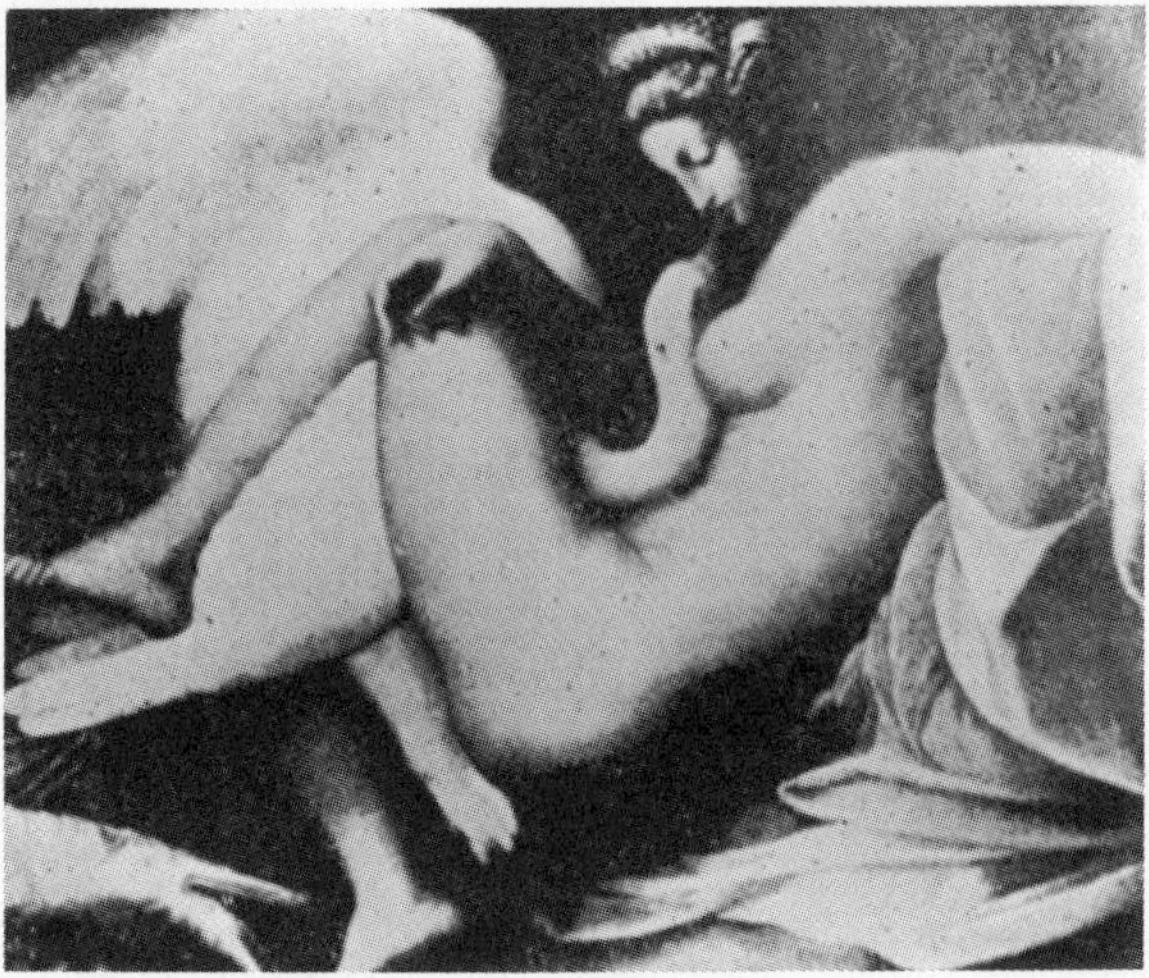

ミケランジェロ「レダ」ヴェネツィア、コレル市立美術館

エロティシズムがこれほど透明な、これほど純粋な熱度で燃えあがっている詩作品を、わたしは他に知らない。

その畳みかけるような、ピストルで発射されたようなイメージの連続は、ぱっと閃光《せんこう》を発して、ただちに闇のなかに消えて行く、ある種の花火の残像《ざんぞう》が瞼《まぶた》の裏に刻印《こくいん》されるように、わたしたちの脳髄《のうずい》の襞《ひだ》のあいだに、あざやかに次々と刻印されて行く。それは、次第に昂揚《こうよう》する熱っぽい愛欲の渦《うず》のなかに、読む者をさえ、ぐいぐいと誘《さそ》い込むような激しい調子である。

一般に、女の肉体や表情の細か

な陰翳《いんえい》を捉《とら》えて描写することができなければ、一人前の小説家ではない、といったような意見が通用しているらしいが、そんな平面的な散文の世界の法則をたたき壊してしまうような、ある激しいものが、詩の世界には厳として存在しているようである。

「火の髪の毛」も、「砂時計の体軀」も、「花結びの口」も、そして「シャンパン酒の肩」も、それぞれ非常にエロティックな微妙な表現であるにもかかわらず、この詩には、およそ猥褻性《わいせつせい》などとは縁遠い、女の肉体そのものへの讃仰《さんぎょう》がある。いわば、詩人の女に対する愛の熱度が、猥褻な現実（すなわち客体化された女の肉体）をも、美に高めているのである。

ふたたび次を引用しよう。

わたしの女は　偶然の指　ハートの一《エース》の指
刈られた乾草《ほしくさ》の指
わたしの女は　貂《てん》の腋《わき》の下　橅《ぶな》の実の腋の下
聖ヨハネ祭の夜の腋の下
水蠟《いぼた》の樹の腋の下　魚の巣の腋の下
海の泡の腕　水門の腕

そして　小麦の交配《こうはい》の腕　製粉機の腕
わたしの女は　紡錘《つむ》の脚
時計仕掛の脚　絶望の脚
わたしの女は　接骨木《にわとこ》の髄《ずい》の腓腸《ふくらはぎ》
わたしの女は　頭文字の足
鍵《かぎ》の束《たば》の足　酒を飲む槙皮《まいはだ》詰め職工の足

ここまでくると、この詩は明らかに、愛撫《あいぶ》の詩であることが分るだろう。髪の毛から始まって、詩人の眼と手は、ようやく下半身まで、足まで降りて行った。しかし、まだ女の身体の中心部にはふれられていない。中心部は、いちばん最後に残しておくのだ。

ところで、愛撫とは何であるか。

「肉体は、通常、化粧や衣服によって覆《おお》われている」とサルトルが『存在と無』のなかで語っている、「性的欲望は、相手の身体から、その衣服とともにその運動をも取り去って、この身体を単なる肉体として存在させようとする一つの試みである。その意味で、愛撫は他人の身体をわがものにすることである。いうまでもないが、愛撫とは、単に撫でたり、さすったりすることではない。愛撫は加工である。相手を愛撫するとき、わたしは、わたしの指の下に、わたしの愛撫によって、相手の肉体を生まれさせる。愛撫とは、相手を受肉させる儀式の総体である」と。

しかし、詩人の肉体讃美は、愛撫の最中においてさえ、恋人の身体を決して単なる物自体、ばらばらの部分に分解された肉体そのものに化さしめようとはしないだろう。美のはたらきとは、そういうものである。

肉体の個々の部分に執着しながらも、それらを通して、詩人はつねに一つの光り輝やく全体を啓示《けいじ》することを忘れない。だから、わたしたちは、これらの詩句を読み進めながら、肉体と精神とが不思議にも互《かた》みに呼び交わすかのような、個々の瞬間の出現を期待することが可能になるのである。

そして期待は裏切られない。個々の瞬間は、それぞれ独立しながら、緊密《きんみつ》に全体のイメージをめざして進行する。個々のイメージの背後に、全体のイメージが望見《ぼうけん》される。いわば、この詩は最もエロティックでありながら、最も精神的な詩ともいうべきであろう。

それでは、ふたたび次を読もう。詩人の眼と手は、次第に性感帯に近づいて行く。

わたしの女は　精白《せいはく》しない大麦の首
わたしの女は　黄金の谷の胸
奔流《ほんりゅう》の河床におけるランデ・ヴーの胸
そして　夜の乳房
わたしの女は　海の土竜塚《もぐらづか》の乳房
わたしの女は　ルビーの坩堝《るつぼ》の乳房
露けき薔薇のスペクトルの乳房
わたしの女は　ひろがる光の扇の腹
巨大な爪の腹
わたしの女は　垂直に逃げる鳥の背中
水銀の背中
光線の背中
ころがる石の襟首　湿った白墨《はくぼく》の襟首
飲んだばかりのコップの落下の襟首
わたしの女は　小舟の腰
シャンデリヤの腰　矢羽根の腰

そして　白孔雀《しろくじやく》の羽根の軸の腰
動じない天秤《てんびん》の腰

「性的欲望は、全体としての身体をめざすものでありながら、とくに、あまり分化していないで、神経の分布《ぶんぷ》が比較的粗雑《そざつ》な、自発的運動があまりできないような肉体の塊を通して、たとえば、胸とか、尻とか、太股《ふともも》とか、腹などを通して、相手を襲《おそ》うものであるが、それも決して偶然ではない」とサルトルが語っている、「要するに、それらの部分は、純然たる事実性のいわば影像《えいぞう》である。そういうわけで、真の愛撫は、身体の最も肉体的な部分における二人の身体の接触、すなわち、腹部および胸部における接触である。手は愛撫するが、それにもかかわらず、あまりに繊細《せんさい》であり、完成された道具にあまりに近い。それにしても、肉体相互に対しての、肉体相互による、肉体の開花こそは、性的欲望の真の目標である」と。

詩人の愛撫と讃歌によって、女の肉体も十全に開花するであろう。

愛撫は讃歌であり、讃歌はまた愛撫である。愛の渦巻は速くなり、小さくなり、女の肉体の中心部に近づく。

わたしの女は　砂岩の臀《しり》　石綿の臀
わたしの女は　白鳥の背の臀
わたしの女は　春の臀
そして、グラディオラスの性器《セックス》
わたしの女は　金鉱床《きんこうしょう》の性器　鴨嘴《かものはし》獣の性器
藻類《そうるい》の性器　古いボンボンの性器
わたしの女は　鏡の性器
わたしの女は　涙がいっぱいの眼
紫色の甲冑《かっちゅう》の眼　磁石の針の眼
わたしの女は　大草原の眼
わたしの女は　牢獄で飲むための水の眼
わたしの女は　つねに斧《おの》の下にある樹の眼
水準器《すいじゅんき》の眼　空気と土と火の　水準器の眼

以上で、ブルトンの六十行におよぶ詩篇『自由な結合』は、終っている。
後半に近づくにしたがって、各行の冒頭に置かれた「わたしの女は」という言葉は、頻《ひん》出《しゅつ》の度を加え、ほとんど祈りの言葉、呪文《じゅもん》のように見えてくる。

そして結末にいたって、「腰」「臀」「性器」のイメージが続いて現われるのは当然だとしても、いちばん最後を六行の「眼」のイメージによって締《し》めくくっているのは、さすがにブルトン先生だけのことはあって、見事というほかない。彼によれば、「眼は未開《みかい》の状態にある」のであり、また女は、非合理的なものと合理的なものとを同化し得る能力に恵まれているのだ。

「白鳥の背の臀」という表現もまた、きわめて暗示的である。

哲学者ガストン・バシュラールによると、白鳥は「裸体の女にひとしいもの」であり、「光り輝やく水を凝視《ぎょうし》している時には女性であるが、動いている時には男性」の象徴なのだ。つまり、白鳥のイメージは男女両性(ヘルマフロディトス)なのであって、しかも、いわゆる白鳥の最期の声というのは、性的な死、オルガスムを意味するのだそうである。――ブルトンが無意識のうちに、そういうニュアンスを籠《こ》めたのかどうかは知らないが、この詩に精神分析学を適用してみれば、やはり似たような結果が出てくるのではあるまいか。

それから、これはわたしの臆断《おくだん》であるが、このブルトンの詩の全体を読んで、脳裡《のうり》に浮かぶ女性像には、不思議にヘルマフロディトスの面影があるような気がする。いや、むしろ、エドガア・ポオの作品に出てくるような、中性に近い少年的な女性といった方がよいかもしれない。

たとえば、「わたしの女は鴨嘴獣《かものはし》の性器」という奇妙な暗喩《あんゆ》法が詩のなかに見られるけれども、申すまでもなく、この哺乳類《ほにゅうるい》最下等の原始的な獣は、単孔性《たんこうせい》であって、胎盤《たいばん》がなく、卵を生むのである。女性性器に相当する管道《かんどう》はなくて、孔は体外に一つしか開いていないのである。これこそ未熟な中性の表現でなくて何であろう。それとも、この箇所は肛門性交の暗喩であろうか。そうであっても、一向に不思議はない。

ともあれ、現代においてブルトンくらい、神聖な愛、狂気の愛、男女の「自由な結合」というものを強調している詩人は珍しいだろう。

シュルレアリスムやブルトンの思想を生噛《なまかじ》りしたひとには、あるいは変に聞えるかもしれないが、ブルトンは乱交のような、性の放縦《ほうしょう》に対しては反対の立場をとっているのであり、あくまでも一対一の男女の結合を称揚しているのである。「わたしは愛における情熱的な、排他的《はいたてき》な形式を選んだ。妥協《だきょう》とか、気まぐれとか、錯誤《さくご》とかに役立ち得るものはすべて、この形式の外に置いて禁じるつもりであった」と。

したがって、彼は古風な騎士道的な愛を最高のものとしているのであり、中世の純潔なキリスト教異端、カタリ派の伝統を守っているのである。カタリ派の伝統とは、簡単にいえば、狂気のような女神崇拝《すうはい》、マリア崇拝であり、正統キリスト教と反対の、根源的なエロス信仰である。

ブルトンが十八世紀のサド侯爵を讃美するのも、彼のなかに認められる裏返された純潔思想のためと、倒錯《とうさく》をもふくめて、性的な世界からあらゆるタブーを撤去せんがためにほかならなかった。それに何より、サドの一徹《いってつ》な無神論はブルトンと共通のものである。ブルトンの意味する「自由な結合」とは、さようなものであった。

＊

完全な裸体よ、すべての歓びはお前からだ
魂が肉体を脱ぎ棄《す》てねばならないとき
肉体もまた　裸にならねばならぬ
十全の歓びを味わわんがために

これは、十七世紀バロック時代のイギリスの詩人、ジョン・ダンの詩のなかの一節である。この詩句も、少々気障《きざ》っぽいところが目につくけれども、精神と肉体とが見事に照応《しょうおう》している、エロティックな詩句中の白眉《はくび》であろう。

猥褻とは、裸体になることでもなければ、肉体の秘密の部分を見ることでもないのである。「むしろ、歩いているひとが尻を無意識に左右に振ることの方が、猥褻である」とサルトルが語っている。「というのも、その場合には、歩いているひとのうちで行為の状態にあるのは両脚だけであり、尻は両脚によって運ばれて行く一つの孤立したクッションであって、その揺れ方はまったく重力の法則に従っているように見えるからである」と。

つまり、サルトルによれば、「身体から完全にその行為という衣服を脱がせ、その肉体の惰性《だせい》を顕示するようなもろもろの姿勢を、身体が採り入れる時に、猥褻があらわれる」ことになる。なるほど、その通りであろうと思う。

優雅な屍体について

フロイトの「死の本能」説を引き合いに出すまでもなく、エロティシズムと死とは、深い結びつきがある。若々しいエロスは、つねに死の腐敗《ふはい》のなかで微笑するのである。

トオマス・マンの美しい小説『ヴェニスに死す』のなかで、ヴェニスのホテルに泊《とま》っている五十歳の作家グスタフ・アッシェンバッハは、この水の都が怖ろしい疫病《えきびょう》に侵《おか》されて行くにつれて、いよいよ美少年タッヂオに対する愛着を深めて行く。いわば、環境の腐敗と主体の欲望とが、平行して進行して行くのである。ちょうどドリアン・グレイの画像が、ドリアンの悪徳や情欲の進行につれて、いよいよ無残に蝕《むしば》まれて行くように。そうして、ついに主体そのものも環境によって侵され、腐敗のなかに呑《の》みこまれる。情欲と腐敗とが、死のなかで手を握《にぎ》ったのだ。

「エロティシズムとは、死にまで高まる生の讃美である」というジョルジュ・バタイユの言葉を、この小説ほど見事に描き出したものはあるまい。

＊

ネクロフィリアという言葉は、十九世紀の半ば頃、ベルギーの精神病医ギスランによって創始されたが、屍体に性的魅力を感ずる傾向を意味する言葉として初めて用いたのは、フランスのエポラール博士である。屍体のみならず、総じて冷たいもの、動かないもの、墓場とか、廃墟《はいきょ》とか、月光とか、幽鬼《ゆうき》とかに対する執着にも、同じくネクロフィリアの語を用いることがあるが、これは多分に文学的な修辞というべきで、むしろヴァンピリズム（吸血鬼信仰）の語を使った方がよいかもしれない。

たとえば日本では、上田秋成のような屍臭《ししゅう》の漂う世界を描く作家が、典型的なヴァンピリズムの作家といえるだろう。『青頭巾《あおずきん》』など、その極端なものである。ある高僧が美童を愛するあまり、その美童が病気になって死んでからも、「火に焼き、土に葬る事もせで、瞼《かお》に瞼をもたせ、手に手をとりくみて日を経給《へたも》うが、終に心神《こころ》みだれ、生きてありしに違《たが》わず戯《たわぶ》れつつも、その肉の腐《くさ》り爛《ただ》るを吝《おし》みて、肉を吸い骨を嘗《なめ》て、はた喫《くら》いつくしぬ」という、まことに怖ろしい話である。

西洋では、いちばん古い例として、ヘロドトスの伝える古代エジプトの伝説がある。エジプトでは、若い娘が死ぬと、数日たってからミイラ製造職人の手に屍体を渡す習慣だった、というのである。近代の文学作品としては、まず短篇作家のエドガア・ポオ、テオフィル・ゴオティエ、それに詩人のボオドレエルに指を屈しなければなるまい。

死屍を追う蛆虫《うじむし》の群が　音高く這《は》うように
おれは　進んで攻撃し　攀《よ》じては襲う。
おお　和らげることのできぬ残虐な獣よ。
おれはその　冷酷さえも愛するし
冷酷だからいよいよお前が美しい。

これは、『悪の華』のなかの一篇の断片であるが、詩人のネクロフィルな性格をよく表わしている。純粋な屍体への愛着は、腐敗に対する嗜好とは明らかに反対のものなのだ。『青頭巾』のようなネクロ・サディズムとも、直接関係はない。ポオの詩『眠る女』のなかに、「ひそやかに、蛆虫どもよ、彼女のまわりを這いまわれ」とあるように、純粋な屍

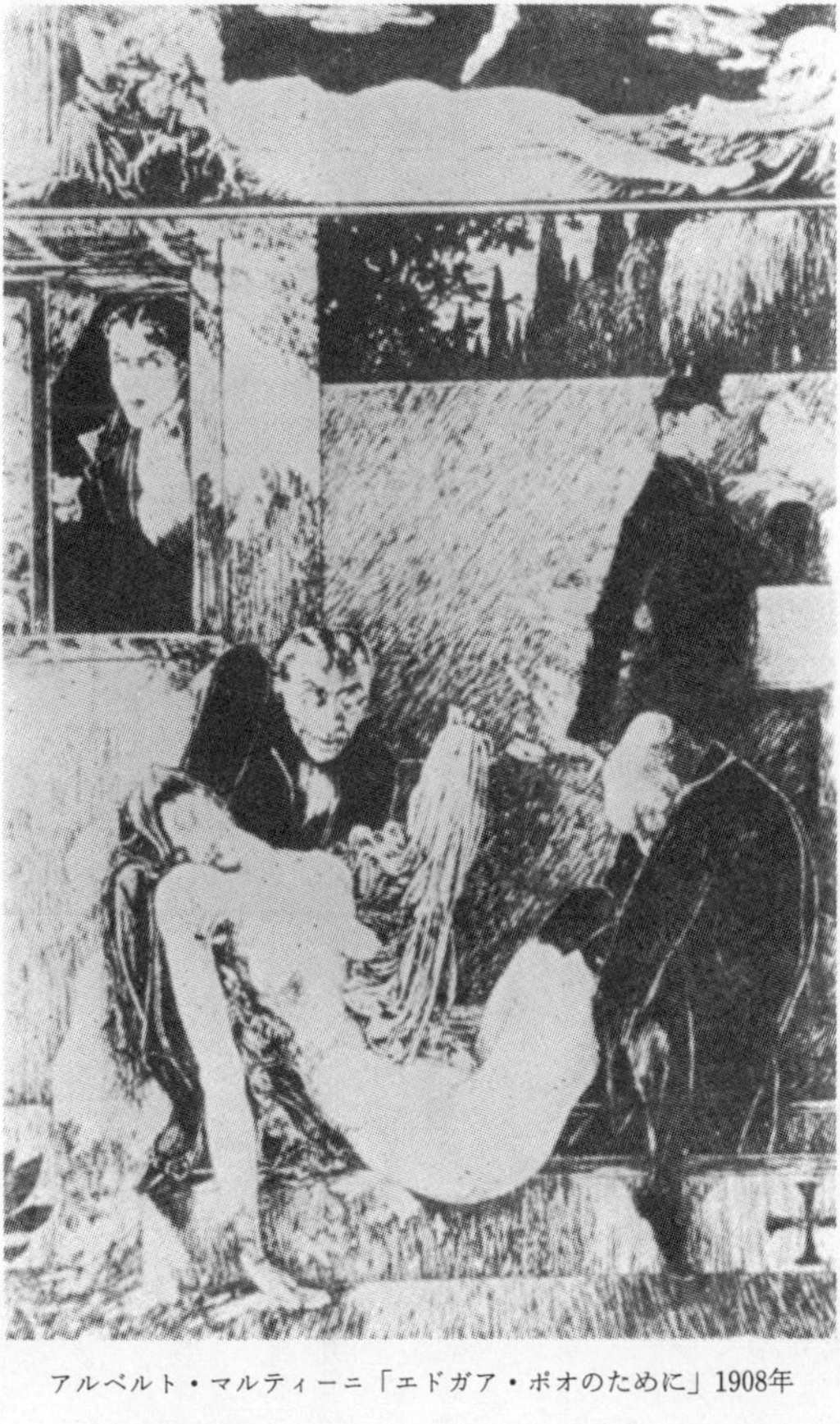

アルベルト・マルティーニ「エドガア・ポオのために」1908年

体愛好者は、屍体が腐りもせずに、永久にそのままの形で残ることを期待する。屍体はそれ自体、あるがままの姿で、美術品のように美しいのである。

やはりポオの短篇のなかに、死んだ若い妻の屍体を塩づけにして、大きな長方形の箱に入れ、その箱と一緒に、ひそかに汽船に乗りこんでくる男の話（『長方形の箱』）がある。彼は夜な夜な箱の蓋《ふた》をあけて、忍《しの》び音《ね》に歎きのすすり泣きを洩らすのである。

このようなネクロフィリアの延長線上に、一種のタナトフィリア（滅亡愛）とも称すべき極端な場合がある。自分が死んだと空想して、快感をおぼえる傾向である。十九世紀末の有名な大女優サラ・ベルナアルに、かかる傾向があったという。彼女は自分の邸にいつも棺を置いておき、自分がその中に入って、死人の振りをするのを好んだ。彼女に命ぜられて、周囲の者が悲しげに泣いて見せたりするのだった。

世紀末には、しかし、こんな悪趣味もそれほど珍しくなかったようである。パリの妓楼《ぎろう》にも、そういう趣味の客のために、とくに設備された「屍体の部屋」があった。レオ・タクシルの『当代の売淫』（一八九二年）によれば、ある高僧が、黒ビロオドのカーテンを張りめぐらし、蒼白い蠟燭《ろうそく》の光に照らされた部屋で、娼婦に屍体として白衣を着せ、死人らしいメイキャップをさせ、棺の中にじっと横たわっているように註文して、おのれの情欲を行使したという。フランス版『青頭巾』といったところか。

＊

死者の転生《てんせい》という考え方も、ネクロフィリアを成立させるための重要な因子《いんし》である。ポオの『リジイア』では、前に死んだ最初の妻リジイアが、二度目の妻ロウィーナ姫の屍体に乗り移って蘇生《そせい》する。また『モレラ』では、死んだ母親モレラが、彼女自身の生んだ娘のうちに転生する。ポオは、一人の女の死と再生のテーマに憑《つ》かれていたらしい。

ポオ研究家の女流精神分析学者マリイ・ボナパルトによると、幼年時代における母エリザベス・アーノルドの死が、彼の感情生活の面に決定的な影響をおよぼし、その後永く彼の一生を支配したという。つまり、彼の作品のなかで、何度も死んでは生き返る女は、すべて母エリザベスのイメージだったのだ。

戦慄《せんりつ》すべき傑作『ベレニス』は、男が自分の愛人の墓場に下りて行き、彼女の三十二枚の小さな白い歯を引き抜いて、小箱に入れておくという話であるが、これは一般に、若くして死んだポオの処女妻ヴァージニアがモデルだということになっている。しかし、死んで行くベレニスを、作者は次のように描き出す、「病気が、不治の病が、熱風のように彼女の体を襲《おそ》った。わたしが彼女を見つめている間にも、変化の精が彼女の上を通り過ぎた。彼女の心と性格、習慣に滲《し》み通り、最も巧妙かつ恐ろしいやり方で、彼女そのものまで変えてしまったのだ」と。こうして、ベレニス＝ヴァージニアから、さらにエリザベスへと変貌《へんぼう》する。ポオの作品に出てくる女性は、必ず最後には母のイメージに帰着するのである。

そうしてみると、死んだ妻の屍体を箱に入れて持ち歩くという、前に引用した短篇のモチーフは、ポオの世界を解く上に、きわめて象徴的な意義をおびてくるだろう。いわば早く喪《うしな》った一人の女のイメージを、ポオは生涯、箱に入れて持ち歩いたようなものであった。

ポオの眼底に焼きついていたのは、幼時に見た、死の床に横たわった母のイメージである。もっとも、母は彼が二歳の時に死んでいる筈《はず》だから、どういう風に記憶像が変形したかは分らない。ともあれ、こうして彼は婚姻の床と柩《ひつぎ》の台とを、無意識のうちに同一視するようになった。

『リジイア』のなかに、「婚姻の寝台は低く、堅い黒檀《こくたん》で彫られ、柩を覆う黒衣のような天蓋《てんがい》の下にあった」とある。また、彼の選ぶ花嫁は屍蠟《しろう》のように蒼白《そうはく》な顔色をしていて（作品の世界においても、実人生においても）、必ず病気にかかっており、彼が最も彼女を愛するのは、死の近づいた時なのである。

「いったい、わたしは、真剣な焼けつくような願いをもって、モレラの死の瞬間を待ち望んでいたのであろうか」とモレラの夫は自問する。しかし、ひとはみな己れの愛する者を殺したいという、ひそかな自分の願いを意識しているものなのだ。D・H・ロオレンスの言葉を借りれば、「生きているものを知ることは、とりも直さず、それを殺すことになるのであり、ひとは満足の行くまで知るためには、その相手を殺さなければならないのである。それゆえに、物欲しげな意識、つまり精神というものは、吸血鬼にも等しいといえる」のだ。

ポオが自分の苦悩を癒《い》やされるのは、彼の愛する女が（ちょうど死んだ母のように）死ぬ時に限られている。女が死んで初めて、彼は近親相姦の呵責《かしゃく》から解放されるのである。——これもマリイ・ボナパルトの意見であるが、傾聴《けいちょう》に値する。

心理学者のオットオ・ランクは、あらゆる女のうちに唯一の女、母の面影を求めて、次々に女から女へ渡り歩くドン・ジュアンの心理を分析したが、ポオの女性に対する関係も、このドン・ジュアン＝コンプレックスと似ているのである。幼時の母に対する極端な固着が、大人になっても解消されないのだ。だから、彼は死せる母に忠実なあまり、現実に彼の目の前にあらわれる生きた女性には、しばしば不誠実である。たとえば、彼はヴァージニアの死後、セアラ・ホイットマン夫人とアニイ・リッチモンドとに宛てて、ほとんど同じような文面の恋文を同時に送っている。

死んだ者しか愛することのできない者、想像世界においてしか愛の焔《ほのお》を燃やそうとしない者は、現実には愛の対象を必要とせず、対象の幻影だけで事足りるのだ。だから、ポオの創造する女性はすべて、血の通っていない一種の幽霊的存在である。『楕円形《だえんけい》の肖像』という奇妙な小説では、画家はカンヴァスの上の色を、モデルになった妻の頬から引き出すのである。そして肖像が完成され、生き身そのままの女の姿が描き上げられたとき、すでに妻は死んでいるのだ。『モレラ』のなかの次の言葉、「生きていた間疎《うと》まれたあたしを、死んだ後きっとあなたはお慕《した》いになるでしょう」——は、この『楕円形の肖像』にも、そのまま通じる。「わたしの異常な生活にあっては、感情は決して心から来ない。情欲はいつも頭から来る」というポオにとって、問題となるのは、つねに孤《こ》絶的《ぜってき》な欲望、他者を捨象《しゃしょう》して生きようとする、一つの絶対的な愛だったと思われる。ポオのネクロフィリアには、したがって、精神的なオナニズムの色合いがあることを認めなければなるまい。

*

ポオのネクロフィリアについてやや長く述べ過ぎたが、屍体を愛する者が、必ずしもオナニストやエディプス的傾向の者ばかりとは限らない。古代ギリシアの僭主《せんしゅ》ペリアンドロスは、死んだ妻メリッサと一年間暮らしていたというし、年老いたカルル大帝は、愛するドイツ生まれの金髪美人の屍体を手離しかねた、と伝えられる。

犯罪史上に残っている最も名高いネクロフィルの例には、墓場から屍体をあばき、これを凌《おか》したばかりでなく、ばらばらに寸断したという、明らかなネクロ・サディズムの行為を示したベルトラン軍曹のほか、アレクシス・エポラール博士によって詳《くわ》しく報告された、ヴィクトル・アルディッソンという驚くべき男の例がある。

アルディッソンは新聞で「ミュイの吸血鬼」と呼ばれ、ピエルフウの精神病院に監禁されたが、おとなしい男で、医者の質問にはよく答えた。三歳から六十歳までの女の屍体を発掘し、一度などは、十三歳の少女の首を自分の家に持ってきたが、直接的にも間接的にも、いかなる性的凌辱《りょうじょく》をも加えなかった。彼はミイラ化した少女の首を、十字架だとか、天使の像だとか、ミサの典書《てんしょ》だとか、蠟燭だとかいった奇妙な蒐集品のなかに加えて、大事に保存していたのである。

しばしば、彼はこの斬《き》られた少女の首が、自分のまわりを漂っている夢を見た。彼はこれを自分の「許嫁《いいなずけ》」と呼んで、ときどき愛撫するだけだった。

そのほかにも、彼は少女の屍体を発掘しては家に持ち帰り、納屋《なや》の藁《わら》の上に置いておいたが、彼女たちは許嫁ではなくて、恋人のような相手だったらしい。警官に発見されたとき、いちばん最近家に連れてきた三歳の幼児が、半ば腐りかけて、藁の上にちょこんと置いてあったが、その頭には古い帽子がかぶせてあったという。

奇怪なのは、このアルディッソンという三十幾つになった男が、納屋のなかで、少女にいろんなことを話しかけていた、ということだ。死んだ者でも口がきける、と彼は確信していたのである。たしかに智能はひどく低く、字も満足に書けないような男だったが、一日中、熱心にジュール・ヴェルヌの冒険小説を読んだり、クラシック音楽に耳を傾けたりしていたという。しかし、フランスの国歌「ラ・マルセイエーズ」を知らないので、医者たちも呆《あき》れてしまったらしい。

さらに驚くべきは、味覚も嗅覚《きゅうかく》もほとんど無くて、彼の舌の上に塩、硫酸キニーネなどを置いても、ぜんぜん無感覚だったそうである。腐った肉でも平気で食べ、鼻の孔に胡椒《こしょう》を入れてやっても、苦しそうな様子も見せなかった。また、手の甲《こう》を針で刺しても、べつに飛びあがりもせず、「まあ我慢できる」と静かに答えたという。要するに、すべての肉体の部分にわたって、おそろしく感覚が鈍《にぶ》かったわけである。

彼は養父と二人暮らしで、後には墓掘り人足を職業としたが、およそありとあらゆる階層、ありとあらゆる年齢層の女を自分の物にした。まさに「墓場のドン・ジュアン」である。「三歳から六十歳まで、どんな女でも自分は満足だった」とみずから語っている。ただし、一度だけ彼が心ならずも拒否した場合があった。その屍体は、脚が一本しかなかったのである。アルディッソンにとって、脚は重要な要素であった。女のふくらはぎが、彼には魅力だったのだ。こんな男にも、独特の美学があったのであり、夢のなかで、ふくらはぎの美しい少女を、いつも憧《あこが》れをもって見ていたのであった。

ところで、マリイ・ボナパルトはこの男の場合にも、彼女独特のネクロフィリア解釈を下す。すなわち、前に述べたポオの場合と同じく、このアルディッソンもまた、幼年時に喪った母を、死んだ女たちのなかに求めているのだ、というのである。(たしかに、アルディッソンはごく幼い頃母に棄《す》てられている。)この解釈が果して正しいかどうか、わたしたちには知る由もないが、少なくともアルディッソンという男を憎む気にはなれない。そうではなかろうか。

サド＝マゾヒズムについて

古代の愛の神々は、多くの場合、同時に死の神々でもあった。エジプトのオシリス＝イシス神話にも、ギリシアのオルペウス＝エウリュディケー神話にも、日本の伊邪那岐《いざなぎ》＝伊邪那美《いざなみ》神話にも、必ず死の国、黄泉坂《よもつさか》への道行きが含まれている。死と愛との関係、また苦痛と快楽との関係を、もう一度、くわしく調べてみたいと思う。

吉原の遊女は客を歓ばすために、行為中、「死にんす死にんす」と洩《も》らした。アプレイウスの『黄金の驢馬《ろば》』のなかに、小娘のフォティスが若者ルキウスの愛撫に堪《た》えかねて、「あたしを死なせて。あなたも死にそうね」とささやく件《くだり》がある。愛撫の現象学《げんしょうがく》においては、江戸もギリシアも変りがない。

「死ぬほど愛している」という表現は、ヨーロッパの通俗恋愛小説に、いくらも出てくる。まあ、そんなことはどうでもよろしいが、性的興奮の現象学が、苦痛の現象学と類似《るいじ》を示していることは、この際、強調しておく必要があろう。

そもそも痙攣《スパスム》という言葉が、肉体的苦痛と、性的オルガスムとを同時に示す言葉なのだ。「頭のなかに、あらゆる種類の幻影を喚び起すことによって、女はみずからの内部に、おそろしい痙攣《スパスム》を生ぜしめることの可能な一つの器官をもっている」と喝破《かつぱ》したのは、哲学者のディドロである。しかし、この痙攣《けいれん》なるものを、単なる生理的な不随意筋《ふずいいきん》の収縮《しゅうしゅく》でしかないと考えて、馬鹿にしたり軽蔑したりしてはいけない。真の愛の崇高《すうこう》さは、熱狂的な肉の接合によって初めて成就《じょうじゅ》される、肉からの離脱《りだつ》にあるのだから。オルガスムの時、ひとは必ず真剣な顔をしているものなのだ。

人間が血と体液のなかから誕生するように、ひとは苦痛のイメージを愛するのである。愛は死を克服《こくふく》するために、死の形式を真似るのである。肉の痙攣は、一つの小さな死であり、苦痛のイメージの代替物《だいたいぶつ》である。パスカルがいったように、「天使たらんと欲する者は、動物たらねばならない」のであり、ボオドレエルがいったように、「眠れる獣のなかで、天使が目ざめる」のである。みだらな肢体《したい》、絡まり合った汗みずくの肉体のなかに、二つの主体を彼ら自身の外へ投げ出す永遠の宇宙のリズム、悲劇の感覚を発見しなければならない。

愛の肉体的な条件は、したがって、同時に肉体の死と誕生とを予想させる。快楽の技術は、やがてわたしたちの意識が、宇宙的な渦巻《うずまき》のなかに消滅《しょうめつ》するであろうということを予感させる瞬間を、延ばしたり速めたりすることによって成立する。オルペウスとエウリュディケーのように、快楽の時、わたしたちは地獄の坂をくだり、ふたたび蒼《あお》ざめ疲れて、そこから立ち帰るのである。

愛の力とは、死を真似、死を乗り超えて、死の恐ろしい美しさを戦慄《せんりつ》しつつ味わい得ることにほかならない。「愛する」とは、日々わたしたちの生を蚕食《さんしょく》する破壊の意識や、病気や、不安に対抗して、二人のあいだで、それらの恐怖劇を小規模《しょうきぼ》に実現してみせることであろう。

たしかに、ノヴァーリスがどこかで書いているように、「病気のなかには超越性《ちょうえつせい》がある」のであり、もっと一般的にいって、否定的な性格をあらわすものはすべて、肯定を強化するための契機《けいき》となるのである。「苦痛は無限の性質をもっている」と詩人ワーズワースがいったのは、この意味で正しい。そして苦痛の本質的な性格は、苦痛の経験がほとんどあらゆる場合にもっている否定性、もしくは受動性に由来している、と断じてよいだろう。

肉体的な苦痛が、エクスタシーのための補助的な手段として利用され得るのは、いろいろな宗教上の禁欲主義《きんよくしゅぎ》の例を見れば、一目瞭然《いちもくりょうぜん》であろう。中世の異端糾問官《いたんきゅうもんかん》が、拷問によって異端者の意識を肉体から引き離し、精神を本来の支配者の地位に連れもどそうと考えたのも、全く同じ事情による。エクスタシーとは、「脱我《だつが》」の謂《いい》であって、消耗《しょうもう》し空虚になった肉体から、魂が外へさまよい出す状態をさしていたのである。肉欲の興奮も、禁欲の苦行や拷問も、同じように肉体を極端に酷使《こくし》し、疲労困憊《ひろうこんぱい》させ、これを無力にする効果をもっている。魂が愛の啓示《けいじ》に目ざめ、永遠や聖性《せいせい》の意識を感得するのは、かかる瞬間である。

*

ところで、エロティックな欲望の弁証法においては、苦痛がもはや完全な受動性、否定性としてでなく、逆に快楽と混《まじ》り合った積極的な性格として現われる場合がある。性病理学でサド＝マゾヒズムと呼ばれる場合が、それだ。

激しいエロティックな衝動には、すべて一種の両極性反応《アンビヴァレンツ》を伴なうものだ、といってもよい。ひとは愛する相手の存在を肯定すると同時に、また、これを破壊したい、殺したい、我が物としたい、自己と同化《どうか》したい、という思いに否応《いやおう》なく駆《か》られるからである。相手を自分の補足物《ほそくぶつ》と思えばこそ、相手の存在を否定して、これを自己の存在のなかに吸収してしまいたい、と望むのはやむを得まい。

欲望と残酷とが結びつくのは、ここからである。「両性間の極端な憎悪こそ、愛の基礎である」とダヌンツィオはいっているし、「残虐性《ざんぎゃくせい》と逸楽《いつらく》とは同じ感覚である」とボオドレエルが述べている。

実際、動物の世界を観察すると、破壊の本能と性の衝動とが、分かちがたく結びついている例に多くぶつかる。交尾《こうび》の最中に、快楽の対象を殺す動物があるのである。雌《めす》が雄《おす》を食ってしまうカマキリの例はよく知られているが、ジャン・ロスタン博士の本によると、反対に雄が雌を殺してしまう例もある。

海ガメの雄は、雌の上に馬乗りになって、ゆらゆら右に左に身体をゆすぶり、上下に重なった二つの甲羅《こうら》を軋《きし》ませながら、雌が甲羅の外へ頭を出そうとすると、その頸《くび》をはげしく咬《か》んで、ふたたび彼女を甲羅のなかへ引きこもらせてしまう。こうして、あわれにも雌は、雄の歓楽《かんらく》果てた後、窒息《ちっそく》して死んでしまうこともあるのだそうである。

クモも交尾中、興奮すると相手の頭を咬《か》み、カニは愛戯中、その相手の脚を全部引きちぎってしまうことがあるという。

人間はどうであろうか。わたしたちの知る限りの最高のエロティック文化を築いた、古代インドの性典『カーマ・スートラ』には、この海ガメやクモの愛戯に似た、いわゆる

「愛咬《あいこう》」のほか、爪で引搔《ひっか》いたり、印をつけたりする野蛮な愛戯の方法がいくつも論じられている。また、ルクレティウスの『万象論《ばんしょうろん》』第四巻にも、

　恋い求めた相手を抱きしめては
　　その体に痛みを与え
　小さな唇に幾度も歯を押し当てては
　　荒々しく接吻を浴びせる

とある通り、人間世界においても、野蛮《やばん》な愛戯は昔から行われていたようだ。

男女間の真の愛を、一種の物理的な極性《ポラリテート》の効果にひとしいものと考えたシュペングラーは、やはり愛を憎悪に近いものと見なしていたようである。そして、この独断的な文明論者によれば、「純血種《じゅんけつしゅ》でないものは、この危険な愛を知ることができない」のである。（『西欧の没落』）

愛する者を滅《ほろ》ぼし、これを食いつくしたいという欲求は、精神分析学における性器前的《せいきぜんてき》体制《たいせい》の第一段階、すなわち、口唇愛的体制《こうしんあいてきたいせい》もしくは食人者《しょくじんしゃ》的体制の欲求と一致するだろう。

この段階では、栄養物吸収のリビドーと、性的欲望のリビドーとがまだ分化《ぶんか》していないの

であり、一方の活動の対象は、同時に他方の活動の対象でもあって、その性的目標は、もっぱら対象を自分の体内に合併《がっぺい》することにあるのである。幼児の直覚的《ちょっかくてき》な世界観にとっては、ある物を「愛する」とは、愛する対象を食いたいという願望と一致する。この幼児的な体制は、むろん、成人の無意識的な願望のなかにも、しばしば現われることがある。「食べてしまいたいほど可愛い」というような表現が、俗に用いられることがあるけれども、これは、この幼児的な段階の痕跡《こんせき》を示していよう。正常な性行為においても、前に述べた愛咬、すなわち口唇《こうしん》サディズムは、広く一般に認められる傾向である。

口唇領域のコンプレックスがヴァギナ領域に転移《てんい》した場合、ある種の神経症者《しんけいしょうしゃ》は、女のその部分に歯があることを空想して恐怖する。精神分析学用語で、これを「歯のあるヴァギナ」と称し、不能原因の一つと認めている。口唇愛的行為の結果として起る罪悪感が、母親のヴァギナを恐ろしいもののごとくに空想させ、それによって自分のペニスが咬まれはしないか、という不安を惹起《じゃっき》するのである。いわば、去勢《きょせい》コンプレックスの一変種だともいえよう。

ボッシュやブリューゲルや、また中世の地獄図などに、大きく口をひらいた怪魚《かいぎょ》が人間を呑みこんでいる絵があるが、これは、この「歯のあるヴァギナ」コンプレックスの視覚的表現という風に理解できないこともない。マリイ・ボナパルトがエドガア・ポオの『べ

歯のあるヴァギナ。オウィディウスの「変形譚」を基にしたラ・フォンテーヌの短篇集のための、グランヴィルのデッサン

レニス』を論ずる際に、この言葉を用いた。

＊

ルクレティウスの『万象論』第二巻の冒頭に、

楽しいことだ、大海の面《おもて》を嵐が吹きまくる時
陸地に立って、他人の難儀《なんぎ》を眺めることは。
楽しいことだ、平原に展開された激戦を
わが身の危険なくして眺めることは。

という句がある。ずいぶん無責任な、冷酷《れいこく》な話ではないだろうか。そういえば、あのプラトンの『共和国』にも、「死刑に処せられた者の屍体を見たいという欲望にとらわれて、どうしても我慢できなかった男」のエピソオドが出てくる。どうやら残酷場面を好んで見たがる人間の性情は、普遍的《ふへんてき》なものであったらしい。

歴史に照らしてみても、古代の犠牲《ぎせい》宗教、イエスの磔刑《たっけい》、ロオマの闘技場《とうぎじょう》、聖バルテルミイの虐殺《ぎゃくさつ》、中世の魔女裁判、フランス革命のギロチン、日本の切腹、近くはアウシュヴ

ィッツの収容所など、枚挙《まいきょ》に遑《いとま》がない。しかし、こうした一時代を覆う集団的ヒステリイ現象を別にしても、わたしたち人間ひとりひとりの心の内部には、多かれ少なかれ、サド＝マゾヒズム的傾向は潜在《せんざい》していると考えられるのである。

シュレンク・ノッツィング博士が発明した「アルゴラグニア」という言葉は、性的興奮と苦痛との結びつきを、能動的なもの（サディズム）と受動的なもの（マゾヒズム）との区別なしに表現した便利な術語である。今日の性科学においては、この二つの反対の傾向は、要するに、同じ根源から発する衝動であって、その差異は、単に技術的な問題にすぎないとされている。

フロイトは、最初のうち、マゾヒズムを一次的なものと認めず、これを罪業感《ざいごうかん》や去勢コンプレックスの影響のもとに、内部に向けられたサディズムの部分衝動であると考えていた。しかし、やがて晩年、死の衝動の仮説にしたがって、彼はこの関係を逆転《ぎゃくてん》させ、マゾヒズムを退行《たいこう》の原理そのものと一致させて考えるようになった。無機物に還《かえ》るという、有機的生命を支配する根源的な衝動は、まさにマゾヒスティックであるといえよう。

サディストもマゾヒストも、他者の苦痛あるいは残酷が自分に伝達《でんたつ》されたと感じなければ、みずから快感を得るわけには行かない筈《はず》であろう。いわば他者の情緒《じょうちょ》が自分の心に反映し、鳴り響くのである。これは一見、他者とのあいだに、ある種のコミュニケーションが成立しているかのように見える。が実際はそうではない。他者はいかなる場合にも、自分の快楽のための刺戟物《しげきぶつ》、道具である。自分が物になることを夢みるマゾヒストの場合にしても、しかりである。

サディストもマゾヒストも、つねに閉ざされた幻想世界に住んでおり、彼らの快楽は怖ろしい孤独の快楽、オナニズムに似た快楽ということができる。つまり、どちらの場合においても、苦痛の代償《だいしょう》としての快楽のみが問題なのである。辛辣《しんらつ》なモラリストのシャンフォールは、愛を定義して「幻想の交換」と称したが、サディストもマゾヒストも、この幻想の交換なしには生きられまい。いや、もしも彼らが本当のサディストあるいはマゾヒストなら、幻想すら孤立《こりつ》していて、交換などということはあり得まい。彼らの孤独は、おそろしく底が深いのだ。

「サディストは、他者を覆《おお》い隠しているその諸行為を剝《は》ぎ取って、他者を裸にしようとする。サディストは、行動の下にひそむ肉体をあらわにしようとする」とサルトルが書いている。ここまでは、普通の性行為と何ら変るところはない。他者の裸体を覆い隠す着物を剝ぎ取り、昼の世界、通常の世界では猥褻《わいせつ》と呼ばれる姿態を相手にとらせようと試みることは、べつにサディストでなくても、すべての人間の性行為に共通だからである。しかし、サルトルは続けて次のように書いている。

「肉体は、品の良さにおいては、近づくことのできない他者である。サディストは、この品の良さを破壊して、他者のいま一つの綜合《そうごう》を現実に構成しようとめざす。サディストは他者の肉体を顕《あら》われさせようとする。……他者の自由は、そこに、この肉体のうちに存在する。そこで、サディストが我が物にしようと試みるのは、他人のこの自由である。それゆえ、サディストの努力は、暴力と苦痛によって、他者をその肉体のうちに虜《とりこ》にするための努力である」と。

しかし、サディズムと支配欲ないし権力意志《けんりょくいし》とを、ただちに同じものと考えては誤りを犯すだろう。なぜかというに、「サディズムは、拷問を受けている者の自由を抹殺《まっさつ》しようとするのではなくて、むしろ、この自由をして、拷問を受けている肉体に自由意志で同化するように強いるのだから。そういうわけで、体刑執行人《たいけいしっこうにん》にとっては、犠牲者が自由を裏切る瞬間、犠牲者が屈服する瞬間こそ、快楽の瞬間である。……サディストの眼に映じる光景は、肉体の開花に抵抗する一つの自由の光景であり、最後に、肉体のなかに自己を沈没させることを自由に選ぶ一つの自由の光景である。」

サディズムやマゾヒズムの根柢《こんてい》には、主体の自由の問題が横たわっているが故に、あれほど多くの実存主義者が、飽きもせずにこの問題を論じているのである。

ホモ・ビオロギクス（生物学的人間）

現代は科学の時代であり、科学技術の飛躍的な発展が、日夜、人類の夢の地平線をどんどん拡げてくれているようにも見える。しかし、わたし自身は、そういう科学の信仰の上に立ったユートピアをほとんど信用していないし、通俗的な空想科学小説の描き出す幻想にも、あんまり興味がない。ただ例外として、わたしが少なからざる関心をいだいているのは、人間の生命現象に対する科学的探求が、どこまで成果をあげ、人間の誕生と死に関する昔ながらの神秘が、どこまで科学の光によって明らかにされるだろうか、ということである。

ここでは、人間の誕生について述べよう。

人間の誕生の形式は、大ざっぱにいえば有性生殖《せいしょく》であり、しかも胎生《たいせい》である。多くの哺《ほ》乳《にゅう》動物のように、母体の胎内で受精して、ある程度の発達をとげた後に産み落される。人間だけに特有な生殖のメカニズムというものは、一見したところ、何もないかのようだ。たとえば齧歯《けっし》類のように、膣《ちつ》に栓状《せんじょう》のものが備わっているとか、カンガルーのように、子供が非常に早く産み落され、育児嚢《のう》のなかで育てられるとかいったような、少なくとも外面的な特殊性は何もないのである。

人間の卵は母体の胎内で発達し、懐胎《かいたい》期間はかなり長い方である。人間の性活動は安定していて、季節の変化や周期に左右されず、外界の状況にもほとんど影響されない。また、人間には働き蜂のように、生殖機能を欠いた中性というものがなく、世代《せたい》の交番《こうばん》とか、完全な半陰陽《はんいんよう》とか、単性生殖とかいった現象も、全く存在しないか、もしくはきわめて稀《まれ》である。わずかに性転換の例が知られているにすぎない。男女の形態学上の差も、他の動物にくらべれば、あまり目立つ方ではない。すなわち、顕著《けんちょ》な第二次性徴《せいちょう》としては、男性に髭《ひげ》、女性に乳房があるくらいのものである。男性は女性にくらべてやや大きく、やや逞《たくま》しく、骨格がやや重く、体毛がやや多く、音声がやや低いという程度の違いである。

そうしてみると、最も高度の段階に進化した動物である人間の特徴は、雄と雌の差が極端に見分けがたくなり、男女の性が極端に接近しつつある、ということであろう。近頃、

「家庭論」とか称して、男性の女性化が問題になっているようであるが、じつはすでに十五万年前のネアンデルタール人以来、着々として男性の女性化は始まっていた、と見るべきであるかもしれない。そして、将来はさらにこの傾向が助長されるのではないか、とも考えられる。

なぜなら、まだ生物学は人類の生殖に関する革命の、ほんの第一段階に達したところにすぎないからである。

実験室で準備されている生物学上のもろもろの革命は、しかし、すでに未来の人類社会のモラルや風俗が、大きく変化しないでは済まないことを予想させている。たとえば人工受精は、すでに実行の段階に移されているけれども、昔から一つのものとして結びついていた愛と生殖とのシステムを、完全に分離させてしまった。人工受精による子供は、義理にも「愛の結晶」などという、甘ったるい言葉では呼べないにちがいない。

人間の種子や若芽が園芸植物のように、移植《いしょく》されたり、挿木《さしき》されたり、剪定《せんてい》されたり、長いあいだ貯蔵室に保存されたりするというような事態も、やがて到来するだろう。卵細胞あるいは卵が自由に移植されるようになれば、身体の弱い女は子供を産むために、他の女の子宮を借りることも可能になる。こうして産まれた子供は、すでに胎児のうちから、「産みの母親」と「育ての母親」とを二人もつことになる。

ミラベル・ドルス「フロイライン・ミステール」1959年

人工的な単性生殖だって、不可能ではなくなるだろう。すなわち、母体内で発生をはじめたばかりの胚《はい》を分割して、ちょうど植物の挿木のように、これを別の場所（他の女の子宮、または貯蔵瓶《びん》）に移し、成長を促《うなが》す物理的・化学的刺激《しげき》を与えて、純粋に人工的に育成するという方法である。この方法によれば、父親がいなくても、無限に生殖は可能になる。一人の母親の胎内で、息子が育ち、その同じ息子から、女性の援助を受けずに、さらに二代目の息子が産まれる。この二代目の息子は、直接の母親をもたず、いわば祖母と父親しかいない息子である。そういう事態も当然、起り得るだろう。

何千年もの昔から土中に埋《うず》もれていた

ハスの種子が、学者の丹精《たんせい》によって、見事に花を開いたというニュースが伝えられたことがあるけれども、この植物の場合と同じように、人間の男の精液をグリセリンで凝固《ぎょうこ》させ、冷凍のカンヅメにして保存すれば、何百年もの昔に死んだ男の子供だって、自由に産ませることができるようになるはずであろう。ごく最近のニュースによると、すでに馬の精液は、同じような処理によって永久保存が可能になっているようである。

優秀な学者や政治家や芸術家やスポーツ・マンの精液は、それぞれ化学的に処理してカンヅメにし、レッテルを貼り、精液銀行《スペルム・バンク》の冷蔵庫のなかに、きちんと分類整理して、大事に保存しておけばよいのである。角膜《かくまく》移植のための眼の銀行《アイ・バンク》と同じようなものである。高い精液もあれば、安い精液もある。将来の夫婦は、結婚するとまず、この精液銀行に赴《おもむ》いて、彼らに最も好ましい男性の優良種の見本を、映画のスクリーンやカタログの紹介文によってしらべ、夫婦で相談して、やがて産むべき子供の父親をきめればよい、ということになろう。

夫はむろん、嫉妬《しっと》なんかしない。すでに死んでいる男に嫉妬したって、仕方がないからであり、また自分より明らかに能力のある男から産まれる子供が、自分の子供と認められるならば、むしろ自分の自尊心《じそんしん》のためにも喜ばしいからである。

胎外発生あるいは貯蔵瓶妊娠による生殖の方法も、やがて一般に利用されるようになろう。この方法によって、女の宿命のように見なされてきた分娩《ぶんべん》の苦痛や危険は、完全に免れられる。女は自分の子供が病院で産まれようとしている時でさえ、普段と少しも変りなく、オフィスで仕事をしていることもできるし、自宅で家事にいそしんでいることもできるし、また、気ままに性の快楽にふけっていることだってできる。こうして快楽と生殖とは、何の関係もなくなってしまうのである。

＊

この胎外発生の問題について、ややくわしく述べてみよう。

胎外発生の研究は一八八〇年以来、ウサギや、ネズミや、ヒツジや、ブタや、ニワトリなどの動物を用いて、多くの生物学者によって熱心に行われてきた。フランスのジョリイ教授、ウォルフ教授、ティボオ博士、ベルギーのブリュッセル大学のブラシェ教授などが有名である。彼らはそれぞれ、ニワトリあるいは哺乳動物の卵の人工受精を観察した。しかし、どうにかガラス器のなかの胎児をある段階（神経系統の発生の初期）にまで育て上げることに成功したのは、牝兎の子宮に牡兎の胚を移植したアメリカのピウカス博士ただひとりであった。

この実験室の研究をさらに人間の領域にひろげたのは、ロックおよびメンキンの両博士である。一九四四年のことだから、それほど古い話ではない。彼らにつづいては、一九五三年にランディアム・B・シェットルズ、一九五八年にペトロフ、一九五九年にモリカール博士が研究を進めたが、いずれの場合も大した成果をあげ得なかった。ソヴィエトでもアメリカでもフランスでも、人間の生きた卵は、せいぜい二日ないし五日のあいだ、短かい生命を保ったにすぎなかった。

この実験が初めて劃期的な成功をおさめたのは一九六〇年、イタリアのボロニヤに住む若い医者、ダニエロ・ペトルッチ博士の手によってである。

恒温装置《サーモスタット》と血漿《けっしょう》の洗浄装置によって、博士はまず理想的な実験のための設備をつくり、みずから試験管のなかで卵子と精子とを結合せしめ、この結合から生じた人工的な胎児を二十九日間、無事に成長せしめたのである。卵の形成から胎児の生育、細胞増殖の模様にいたるまで、すべて赤外線のカラー・フィルムにおさめられているので、博士の実験が決してインチキではないことが証明されているのだそうだ。

試験管のなかで人間の胎児をつくり育てるとは、じつに驚くべき、胸のわくわくするような、魔術的な実験ではないだろうか。しかしペトルッチ博士の意図は、決して生命造出の秘密をつかもうとか、奇妙な生き物を人工的に造ってみようとかいったような、猟奇《りょうき》的なものではなく、ただ単に細胞組織の研究に資《し》するために、受精後の接合子《せっこうし》の発達の過程を観察する、というだけのものだったらしい。それが証拠に、博士は胎児の成長後二十九日目に、みずから思うところあって、この試験管のなかの人工的な子供の生命を断ってしまったのである。博士は、もしかしたら不安になったのかもしれない。ともあれ、この実験をもう少し長くつづけていたら、あるいは白血病とか癌《がん》とかのような、細胞組織の変化や増殖に起因《きいん》する病気が、正しく解明される糸口がつかめたかもしれなかった、といわれる。

ペトルッチ博士の純粋に科学的な意図から出発した実験は、しかし不幸にして、遺伝学者や生物学者のあいだばかりでなく、宗教家や哲学者のあいだにも深刻な反響《はんきょう》を呼び、ついに一大スキャンダルを捲《ま》き起す結果になった。人間の生命を実験的につくり出すという、古来の錬金術《れんきんじゅつ》の禁じられた夢が実現されたのだから、それも無理はなかろう。中世の昔だったら、当然、おそろしい魔法使、神の権威に逆らう異端者《いたんしゃ》として、生きながら焼き殺されたところである。

しかし中世ではない二十世紀の現代でも、ペトルッチ博士に対する新聞や世論の非難の声は、相当に激しいものであった。医者仲間でさえ、彼をボイコットする者があった。博士は胎児を殺したのだから、その行為は明白に殺人罪を構成することになる、というわけで、検事局は博士を起訴《きそ》しようとしたし、ロオマ法王庁《ほうおうちょう》もまた、きびしい態度でのぞんできた。法王庁の見解によると、「神が新しい個体に人間の霊魂《れいこん》を吹き込む時期は、はたして正確にいつであるか、誰にも断言し得ない」故、このような実験の「合法性」は、疑わしいといわねばならないのであった。さらに用心ぶかい神学者は、「接合子がすでに一個の個体といえるかどうか」について、疑問を提出した。

このような無益な抽象的論争は、ちょうど中世のビザンティン帝国でさかんに行われた、天使の性《セックス》に関する論争や、マリアの処女懐胎《しょじょかいたい》に関する論争とよく似ていた。いくら大まじめで論じても、問題はますますこんぐらかるばかりである。

しかしペトルッチ博士本人は、なかなか巧妙な論争家で、次のような気のきいた弁明を発表した。すなわち、「試験管のなかの胎児は、生物学的生命を与えられてはいるものの、精神的生命とか霊魂とかは所有していない。なぜかといえば、この胎児は実験室から生まれたのであって、家庭のなかから誕生したのではないからである。それは一個の生物学上の見本にすぎないのだ」と。

いずれにせよ、このスキャンダラスな実験は、その意図の如何にかかわらず、人間の科学的探求の限界すれすれにまで達した、記念すべき実験ではあった。もしこの限界を一歩でも越せば、ヒューマニティは音を立てて崩壊するのである。

たしかに、こうしたヒューマニズムに挑戦《ちょうせん》するかのような、いたずらに野心的な実験は、さしあたって何の意味もない、無益な実験であるといえるかもしれない。たとえば放射能によって、地球上の全女性の卵巣《らんそう》が不妊になってしまったとか、突然変異によって、人類の自然の生殖活動が不可能になってしまったとか、――そんな事態でも起らない限り、胎外発生の実験は必要ではないかもしれない。しかし、生命の創造という神聖視された領域においても、人間の能力が神の創造の秘密を真似て、どこまでこれを追跡《ついせき》し得るかということは、依然として重要な問題であるはずであり、いやしくも生命の現象にかかずらう科学者が、かかる重要な問題を避《さ》けて通ろうとするならば、やはり怠慢《たいまん》のそしりを免れないだろう。

かつて錬金術士の夢みた途方《とほう》もない金属変成の野望が、原子核物理学の発達によって、容易に人工的に行われるようになったのと同様に、小さな矮人《こびと》をフラスコや試験管のなかで製造するという、昔の魔術師の途方もない夢想も、ついに実験的な裏づけを得たのである。かつて人間の頭のなかで空想されたものは、どんな非現実的なものであれ、やがて何らかの形で実現されてしまうことになるらしい。というより、科学や技術が実現する新しい驚異《きょうい》は、ほとんどつねに、かつて昔の人間が一度は頭のなかで考案したことの、遠い反映にすぎない場合が多いようだ。

わたしは前に、もし人間の生命の人工的な創造が可能になるならば、ヒューマニズムが危機に瀕《ひん》するだろう、と書いたが、――しかし、おそらくヒューマニズムというものは、ゴムのように強靱《きょうじん》な伸縮性のあるものではないかと思われる。どんなアンチ・ヒューマニスティックな夢想でも、やすやすとこれを呑《の》み込んで、歴史の進展とともに、強引に消化し吸収し、自己のものとしてしまうのがヒューマニズムではあるまいか。

性のモラルの問題にしても、しかりである。たぶん、人間の生殖の形式をめぐって起る生物学的革命は、わたしたちの社会の情緒的雰囲気や倫理的空気を、根柢《こんてい》から揺さぶり、従来のセックスや愛情の道徳感覚を、手ひどく傷つけるだろう。しかし外部世界の変化に応じて、それに耐《た》えられるような内部の感受性ないし道徳感覚を、徐々に巧みに練《ね》り上げて行くのが、すでに地球上に何十万年も生きてきた人類の智慧というものではなかろうか。いささか逆説めくが、人間という動物が生存している限り、人間の世界にアンチ・ヒューマニズムというものは実現され得ないはずなのである。

＊

にもかかわらず、わたしの頭のなかに厳として存在している生物学的ユートピアは、蛍光灯に隈《くま》なく照らされた明るいタイル張りの浴室のような、衛生的な薔薇色の微粒子《びりゅうし》の充満している、晴朗無上《せいろうむじょう》な、透明無比《とうめいむひ》な、しかも怖ろしく非人間的な世界でなければならない。すでに性のタブーは完全に撤去《てっきょ》されている。人間は歓びの表情も悲しみの表情もなく、動物のように素裸で、複雑きわまりない態位と技巧を凝らして乱交している。快楽を増進させるための、医療《いりょう》器具のような清潔な器械が備えつけてある。

そう、タブーが一つだけあった！　この快楽増進用の器械を自殺のために用いることだけは、固く禁じられているのである。

ああ、この残酷な陽気な、しかも物悲しい未来のユートピアは、何とサドの世界に似ていることか！

オナンの末裔たち

「性的に見て常態な男は、だれとでも、否、一歩進めて何とでも性行為をなしうるはずだ。なぜなら、種《しゅ》の本能は盲目だから。また、それは総括的《そうかつてき》に作用するから」（『阿片《あへん》』）といっているのは、ついこのあいだ死んだ詩人のジャン・コクトオである。この意見によれば、あらゆる倒錯《とうさく》――近親相姦《そうかん》も、同性愛も、獣姦《じゅうかん》も――すべて自然のものだということになってしまう。

一方、サルトルの意見によると、「通常、世界が性的欲望の世界としてあらわになるのは、他人の現前を機会としてである。副次的には、これこれの他人の不在を機会として、あるいはすべての他人の不在を機会として、世界が性的欲望の世界としてあらわになることもあり得る」(『存在と無』)と。

コクトオのいっているのは、「人間はどんな対象を相手にしても性行為が可能だ」ということであり、サルトルのいっているのは、「目の前に対象があろうとなかろうと性的欲望を達成することは可能だ」ということである。そして、コクトオの意見が性的倒錯の弁護になるとすれば、サルトルの意見は、対象不在の欲望、すなわちオナニズムの弁護になるだろう。

対象不在の欲望は、一般にオナニズム、マスターベイションなどと呼ばれ、対象が自己自身に向けられる欲望は、精神分析学者によってナルシシズム、自己愛(オート・エロティシズム)などと名づけられている。むろん、この二つの傾向を一緒くたに論ずるわけにはいかないが、他人によって与えられる外部からの刺激がないという点において、両者には深く相通じるものがあると見てよいかもしれない。

＊

オナニズムの語源は、申すまでもなく旧約聖書中のオナンの故事《こじ》に由来する。オナンはユダの息子であり、罪を犯して死んだエルの弟であった。「ここにユダ、オナンにいいけるは、汝の兄の妻(タマル)の所に入りて、これをめとり、汝の兄をして子をえせしめよ。

オナン、その子の己《おのれ》のものとならざるを知りたれば、兄の妻の所に入りし時、兄に子をえせしめざらんために地に洩《も》らしたり」と。マスターベイションというよりも、むしろ性交中絶である。この罪のために、オナンはエホバの怒りを招き、殺される。

しかしオナンが罰《ばつ》を受けたのは、正確にいえば、無駄に精液を「地に洩らした」ためではなく、古代において守られていた嫂婚制《そうこんせい》の掟《おきて》を破ったからであった。死んだ兄の弟は、順序として兄の未亡人に子供を与えねばならぬ義務があったのである。べつにマスターベイションそのものが悪とされたわけではなかった。

ギリシアの医学者ガレノスも、「それは快楽のためではない。重荷を取り除くためである」といっているように、オナニズムは古代世界では、何の罪悪感も伴なわない民族的な風習であったようだ。樽《たる》のなかで孤独の生活を楽しんでいた反文明主義の哲学者ディオゲネスは、弟子たちと一緒にアテネの広場で、白昼堂々、大っぴらにオナニーにふけった。そして見物している人たちに向って、「腹がへった時も、これと同じ方法で、腹を摩擦《まさつ》して、胃袋の欲望を鎮《しず》めることができたら、どんなに結構なことだろう」とうそぶいたという。

ちなみに、このディオゲネスという人は、世界市民主義の見地から女性の共有を唱えたり、金のかからないオナニズムを性愛の最高の徳と断言したり、まことに奇矯《ききょう》な言動の多

オナン。17世紀イタリアの絵

かった人であるが、娼婦のあいだにも人気があったらしく、政治家アルキビアデスの情婦として名高い美妓《びぎ》ラーイスが、一日、ディオゲネスの樽の住居へやってきて、無償で肌身を許したというエピソードさえあるくらいである。

オナニズムが罪として指弾《しだん》されるようになったのは、たぶん、修道院制度のできた中世のキリスト教以来のことだ。聖トマス・アクィナスは、これを姦淫《かんいん》よりも重い罪と見なしている。性的禁欲から溢れ出た想像力が、さまざまな幻影となって、修業中の若い神学生を悩ますのである。

悪魔学《デモノロギィ》の領域で用いられるスクバ（淫夢女精）とか、インクブス（男性夢魔）

とかの言葉もまた、オナニズムもしくは性的な夢と関係があるにちがいない。スクバは美女の姿をして、睡眠中の男を襲い、これと情交して、男の精液を奪い、悪魔の子を産むといわれる女の悪魔であり、インクブスは逆に男の姿をして、睡眠中の女を襲う夢魔である。陰鬱《いんうつ》なキリスト教の脅迫観念《きょうはくかんねん》から生まれた、これらの淫らな幻影たちの物語は、多くの神学者によって書き残されている。

「自慰行為は二つの部分から成り立っており、その一つは空想の紡《つむ》ぎ出し、他はその空想が最高潮に達した時の、自己満足のための積極行為である」とフロイトもいっている、「元来は自慰行為は、性感的と名づけられる特定の身体部位における快感獲得を目的とする、純粋に自己愛的な企図から出たものであったのが、のちにいたって、この行為は、対象愛の圏内《けんない》にある願望観念と融合し、問題の空想がその絶頂に達する状況を部分的に実現する役割を果すのである」と。

ゴヤの描いた残忍な老婆や梟《ふくろう》の幻影や、ロオトレアモンの歌った悪夢のような『マルドロオル』の幻影は、絵画と文学の領域におけるオナニズム的夢想の決定版ともいうべき作品であろう。空想の世界に遊ぶ詩人がオナニストであった例は、古来たくさんあって、ボオドレエルにも、ジャン・ジュネにも、明らかにその傾向がある。

「あらゆる囚人はオナニズムにふける」とサルトルが『ジュネ論』のなかで説明している、

「しかし一般には、それはよりよい方法が欠けているためである。このような孤独の豪遊よりも、彼らはどんなみじめな娼婦でも、その方を選ぶことであろう。つまり、彼らは想像上のものをうまく利用しているわけなのだ。これらはまっとうなオナニストである。しかるにジュネは、自慰行為を悪用したいと望む。他の一切よりも仮象《みかけ》の方を好むと決意することは、原理的にオナニズムをすべての交合の上におくことである」と。

＊

わたしの好きなオナニズム文学の小傑作として、アポリネエルの短篇『月の王』を挙げておこう。主人公が旅をしているうち、道に迷って、ふしぎな洞窟のなかに踏みこんでしまうという設定は、芥川の『河童』の冒頭にちょっと似ている。洞窟の内部は一種の芸術的なユートピアで、主人公はそこでいろんな奇怪な出来事にぶつかるが、最もおもしろいのは、ある部屋で、数人の若者たちがクッションの上に横になり、妙な木箱をあけ、なかの器械のスイッチを入れる。器械は蓄音器のシリンダーにかなり似たもので、ゆっくり回転しはじめる。若者たちは、先端が器械に繋《つな》がっている帯のようなものを腰にしめる。すると、やがて彼らは昂奮しはじめ、虚空《こくう》の幻影をかき抱きながら、しきりに愛撫の動作をしはじめるのだ。彼らの口から洩れるのは、愛のささやきであり、悦楽のあえぎであり、はるかな過去に死んだはずの、歴史に名高い美女たちの名前であった。つまり、これは時間の流れをさかのぼって、昔の女たちの映像を再生し、オナニズム用の幻影を生ぜしめる器械だったわけである。

この器械を利用すれば、幾世紀もの隔たりを飛び越して、好みのままにクレオパトラ、聖女エロイーズ、ポンパドゥール夫人、あるいは衣通姫《そとおりひめ》、小野小町、淀君などといった、妖艶《ようえん》な美女たちの肉体を自由に抱くことができる。器械をとめれば、全裸の美女の幻影は、ぱっと消える。まさに男性の夢の実現であろう。もっとも、そんな器械が発明されたら、全世界の女性たちのあいだに大恐慌《きょうこう》が起るにちがいない。

マスターベイションとは、そもそもラテン語の manus（手）と stuprare（瀆《けが》す）からできた言葉で、字義通り「手を用いて瀆す」というほどの意味であるが、かならずしも手だけがこれに用いられるわけではない。ヘンリー・ミラーは『北回帰線』のなかで、林檎《りんご》を使ったといっている。コクトオ流にいえば、「何とでも性行為をなしうる」のが性的に常態な男なのだから、あらゆる物体、あらゆる道具がこれに応用され得るはずであろう。たとえば腋の下、乳房、股間、こむら、臀部（この場合、肛門とは区別している）などといった、相手の身体のあらゆる凹所を使って享楽したのは、悪名高いロオマの少年皇帝ヘリオガバルスであった。人間の身体でさえ、これだけいろんな場所があるのである。プラクシテレス作の「クニドスのウェヌス」像に惚れこんで、ある夜、寺院の中に身をひそめて、その女人像と一緒に寝たというギリシアの若者の話もある。彼は大理石像の上に欲望の満足のしるしとして、汚点を残して行ったという。

日本の南極観測隊員が船に積んで持って行ったという、ダッチ・ワイフはあまりにも有名であるが、オーストリアの画家のココシュカが、女友達のM嬢に宛てた手紙のなかで、等身大の人形をつくってもらいたいと頼んでいるというエピソードも、なかなか興味ぶかい。孤独な画家であったココシュカは、ほんとうの女と見分けがつかないような触感の楽しめる、筋肉や脂肪や毛を具えた、裸体の人形をつくってほしいと、M嬢に細かい指示を与えているのである。

「……口がひらき、その中に歯や舌もあったら、ぼくはありがたいのです。恥部も完全で、見事にできており、毛で蔽われていなければなりません。でなければ、それは女ではなくて、怪物になってしまうでしょう」と彼は手紙に書いている。

これは一種の表象愛、もしくはフェティシズム（物神崇拝）といえるかもしれない。生きた人間との交際がきらいで、世間を恐怖の目で見ていたと思われるこの画家には、超自然的な伴侶《はんりょ》を相手に空想世界で遊ぶ以外に、その欲望を自由に満足させることが困難だったのであろう。

＊

フロイトは、自慰行為を年齢的な段階にしたがって、乳幼児自慰（一切の自己性愛的な、性的満足に奉仕する行為をふくめる）、小児自慰（第一の乳幼児自慰から直接出てくるもので、この段階にはすでに性感帯が成立している）、思春期自慰（小児自慰にひき続いて出てくるか、あるいは潜在期を中に置いている）の三種類に分けている。そして「自慰は本質的には、幼児的性活動の一発現であり、さらに幼児期以降の年齢段階における同一行為の固執《こしゅう》なのである」（『自慰論』）と断定している。

『少年愛の形而上学』や『A感覚とV感覚』などのすぐれたエッセイを書いた稲垣足穂氏は、独特のエロトロギアの創始者であり、小児期の性愛潜在期に「灌腸期」というものを設定している。「灌腸期は、小学五、六年の少年少女をもって最頂期とする。灌腸期は前媾合《こうごう》を意味し、もしこれ（あるいは類似のこと）が、みずからの手によって行われるならば、自己媾合である。これもアンドロギュヌス郷愁である」と。

自己媾合とは、稲垣氏の造語によるところのオナニズムの別名であろう。肛門領域のオナニーは、フロイトも明言するように、比較的年上の小児にあっては決して珍しいことではないのである。

サド侯爵がヴァンセンヌの牢獄に閉じこめられているあいだ、細長い葉巻型の器具を用いて、しばしば肛門オナニーにふけっていたらしいことは、その妻への手紙に、あからさまに書かれている。「適当に用いれば、それは身体のためによいのだ」とも彼はいっている。サドの作品には、灌腸マニアのナポリの王様の話も出てくるし、十八世紀の風俗として、この奇癖《へき》はかなり一般的でもあったようである。

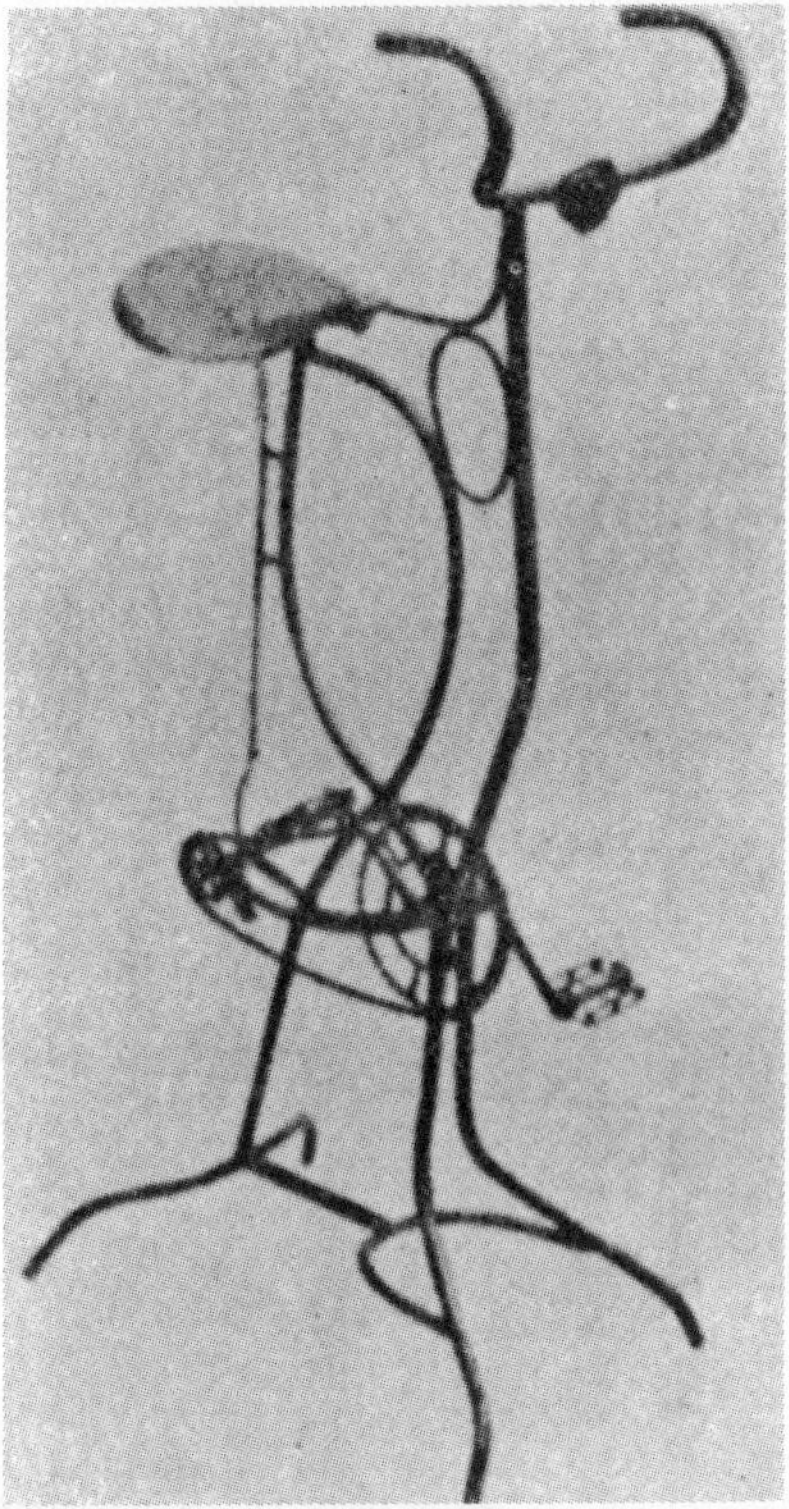

ロベール・ミュラー「自転車乗りの未亡人」1960年
シュルレアリスム国際展出品作品

女性のオナニズムについても、一言しておかねばなるまい。

最古の記述は、旧約聖書のエゼキエル書にある。「汝はわが汝にあたえし金銀の飾りの品を取り、男の像を造りて、これと姦淫を行い……」とあるごとく、祭儀の躁宴《そうえん》の最中、女が男根を突き立てた石の像と交わることは、古代東方民族のあいだで、ごく普通の宗教的慣例であったらしい。ギリシアでもディオニュソス神の祭儀に、同じような破瓜《はか》の儀式を行ったという。

人造ペニスはギリシア語で「オリスボス」と呼ばれ、世界各地で、遠い昔から、工芸の粋《すい》をこらし、考えられるあらゆる材料で製作されている。バリ島では蠟《ろう》、中国では木、日本では水牛の角、そして近代では、ゴムや合成樹脂が多く用いられる。

ドレスデンの犯罪博物館には、ペダル装置で人造ペニスを動かすようになっている精巧な器械があるそうだが、それよりも、わたしが大へんおもしろいと思うのは、一九六〇年パリでひらかれたシュルレアリスム国際展に出品された、ロベール・ミュラー作の「自転車乗りの未亡人」と題された作品である。それは車のない自転車のような形をしていて、腰かけにすわり、ペダルを踏むと、歯車とチェーンの仕掛で座席が微妙に動き、女性のためのオナニズムの役目をする器械であった。シュルレアリスムの悪ふざけもここまでくると、ユーモアの絶妙な味をおびてくる。

オナニーの最も偏奇《へんき》な形に属するものに、性病理学者ハインツ・シュマイドラーの報告している電話オナニーのケースがある。「ほかの点では正常な性生活をしていた三十幾歳かのある男が、その女友達に命じて、電話に自分を呼びださせ、その電話で、彼がどういう風にオナニーをすべきかを微に入り細を穿《うが》って指図させた。彼はその場で、その指図にしたがって、満足をとげた」というのである。その複雑に屈折した心理は、解るようでもあり、解らぬようでもあり、すでに妖しい倒錯の世界に踏み迷っているといえるだろう。

乳房について

産業資本主義のおそるべき発達を示した現代ほど、性的なシンボル（象徴）が街々に氾《はん》濫《らん》している時代はあるまい。すでにエロティシズムは完全に商品化され、様式化され、物神化されて、テレビやラジオ、あるいはマスコミなどを通じ、全世界の家庭にばらまかれている現状である。

映画館の看板はもとより、薬屋のショウ・ウインドオをのぞいても、旅行案内所のポスターを眺めても、雑誌のグラビヤ・ページをめくっても、テレビのスイッチを入れても、出てくるものは女、女、女である。薬の宣伝をするために、どうして女の写真が必要なのか。――そんな野暮《やぼ》な質問をしても仕方がない。要するに、女は一つの誘惑《ゆうわく》物あるいは餌《えさ》なのであり、万人に通じる女のセックス・アッピールを中心として、日夜、資本主義世界の商業が華々しい宣伝活動を繰りひろげているのである。

単に女の顔やヌードの写真が市場に君臨しているばかりではない。ほとんどすべての商品が、無意識のうちに、さまざまなセックスのシンボルとなって、わたしたちの購買欲《こうばいよく》をさそっているのである。

ノーマン・メイラーの意見によると、今日、自動車が若い人たちに喜ばれるのは、車があれば女の子が簡単に手に入れられるからではなくて、むしろ車そのものが、すでに女の子に等しいものとなっているからである。手段と目的が反対になっているのだ。「シーツのレザーは、ほとんど女の肌そっくりに仕上げられており、色は口紅色のピンクか、ブロンド色の淡いグリーン、テール・ライトは排泄腔的《はいせつこうてき》であり、後尾《リア》は、軍楽隊の婦人楽長のお尻の頬《ほ》っぺたみたいに割れている。」

自動車ばかりではあるまい。皮ジャンパーの若者が股で挟んで呻《うめ》き声をあげさせるオートバイや、海水パンツの若者が泡だつ波のあいだに押し揺るがせるヨットも、彼らにとっては、女の子の等価物《とうかぶつ》であるにちがいない。

テレビのコマーシャルにあらわれる渦巻形《うずまきがた》のデザインは、メイラーによれば、膣《ちつ》のシンボルだそうである。「膣は、白粉や洗濯機のような、ご婦人方の商品用である。膣は平和であり、憩《いこ》いであり、胃の障害や頭痛のなかへ、その渦巻をぐるぐるねじこむアスピリンのセールスマンである」と。

こう考えてみると、モダン・スタイルの洗練されたデザインを誇る、ぴかぴかした、すべすべした、丸味をおびたプラスティック製の商品はすべて、どこかにセックスのシンボルを隠しているのではなかろうか、と思われてくる。真空掃除器《しんくうそうじき》、ミシン、タイプ・ライター、万年筆、レコード、サン・グラス、電気スタンド、薬品や化粧品の容器……まことにプラスティックこそ、商品化されたエロティシズムの時代にふさわしい発明品であろう。ところで、このように商品のなかにセックスのシンボルが隠されているという奇妙な事態は、どんな社会心理的な理由によって生じたのだろうか。それは、いささか図式的ない い方をすれば、現代が抑圧《よくあつ》とフラストレーション(欲求不満)の極端に昂進《こうしん》した時代だからであろう。申すまでもなく、象徴とは、そのもの自体を直接に提示《ていじ》する代りに、間接的な方法で表現することである。商業宣伝の性的シンボリズムは、大衆社会の漠然とした欲求不満に悩む若い男女に、安価《あんか》な薄っぺらな代償《だいしょう》満足を与える。女の子を強姦する代りに、自動車や、オートバイや、ヨットを無意識に強姦(!)している若者が、わたしたちの周囲に、いかに多く見出されることか。

製造されたエロティシズム、商品化されたエロティシズムに熱中するということは、人間への興味をすてて、生命のない物体、物神《フェティッシュ》をとらえる欲望に夢中になっているということだ。無機物のようになったセックスを中心として動く経済、薄められたエロティシズムの遍在《へんざい》は、かえって、若者の性的な活力を殺し、性的な無力を招く結果になっているようである。経済の成長とともに、若者のインポテンツは急激にふえている。

そこで、彼らの性的関心を死んだ物体から引き離し、ふたたび人間に立ち返らせるためには、たとえばサドのような、終始人間の肉体への関心をすてず、人間の肉体を思うさま酷使《こくし》した作家の作品を読ませる必要があるだろう。わたしは決して逆説を弄《ろう》しているのではない。オートバイを強姦するよりも、女の子を強姦したいという欲求の方が、少なくとも人間的であり、健康であり、正常であるにちがいないと思うのだ。そうではあるまいか。

＊

アメリカのような資本主義の高度に発達した社会では、男性の性的な無力化はますます進行する。その一つの証拠として、「乳房コンプレックス」というものがある。これを説明しよう。

乳房コンプレックスの説を最初に発表したのは、シカゴの精神分析学者ユストゥス・クラインであった。クラインの説によると、アメリカの男性は無力な子供のようになっており、映画スターに代表される母親像を求め、一種の近親相姦コンプレックスにおちいっている。アメリカの男性のあこがれる、乳房の異常に発達した女性は、社会学的な意味において、いわば乳母《うば》のような役目をはたし、青ざめた子供の男性に乳房を提供する、というのである。

メエ・ウエストとか、ジェーン・ラッセルとか、マリリン・モンローとか、ジェイン・マンスフィールドとか、ソフィア・ローレンとか、アニタ・エクバーグとかいった映画スターがハリウッドで次々に誕生するのは、このような理由からであって、豊満な乳房はアメリカ社会で、すでに一つの強迫観念《きょうはく》とさえなっているようだ。才能がなくても、少しぐらい頭がわるくても、バストが九十センチ以上もあれば、たちまち栄誉《えいよ》あるスターの地位にのしあがる。事実、マンスフィールド（バスト・一メートル〇五センチ）は、乳房によってスターの座をかち得た女優である。

アメリカでは毎年、病的に巨大な乳房の女性をコンクールで選び、彼女を「ミス・ファンタスティック」と名づけている。

強迫観念にせよ物神にせよ、この異常な価値を賦与《ふよ》された女の器官が、現代のエロティックな美学を世界的に支配しているのは否定しがたい傾向である。この美学は、ハリウッドによって計画的に創り出されたものか、それとも婦人のモード界から自然に発生したものか、正確には断定をくだし得ないだろう。女の先天的な露出趣味か、それとも二十世紀の男性の母親コンプレックスの結果か……

いずれにせよ、女の乳房が大昔から、男の欲望の主要な対象をなしてきたことは事実であった。エジプトやクレタ島の文明では、女の胸は完全に露出していたが、アテネやロオマや十八世紀のパリでは、衣服で隠蔽《いんぺい》されていた。

おもしろいのはルネサンス期のヴェネツィア共和国で、そこでは女の胸を露出することを政府が奨励《しょうれい》していた。男たちの注意を政治問題から外らせるためである。

この夏、トップレスの水着が話題になっていたようであるが、二十世紀の文明も、近き将来、乳房をかくすという何千年来のタブーを解除するのではないかと思われる。それによって、男性の神経症《しんけい》もいくぶん癒《いや》されることになるかもしれない。

トップレス水着が売り出されると、さっそくこれを着る勇敢《ゆうかん》なお嬢さんがあらわれるということは、単に彼女らの流行を追う心理からのみでは説明されないだろう。女性の心にひそむ、潜在的な露出症の傾向を認めなければなるまい。

女の胸に対するエロティックな趣好も、時代と文明によって、かなり微妙な変化を見せる。エジプトでは、弾力性のある扁平《へんぺい》な乳房が尊ばれたが、ギリシアやロオマでは、筋肉質の堅く締まった乳房が喜ばれた。大理石という材質の影響もあったであろう。一般に、クラシック時代は筋肉質、バロック時代はふっくらした脂肪質の豊満さを特色とする。

むろん、例外はいくらもあって、たとえば北方ルネサンス期のクラナッハは、掌のなかに完全に包まれてしまいそうな若々しい小さな乳房を描く。ボッティチェルリのウェヌスの胸は、林檎《りんご》のように堅く小さく整っているが、ルーベンスの百姓女は、だぶだぶ揺れる大きな不恰好な乳房の持主だ。

日本の初期の春画で、まるで乳房の無視されているのもある。当時、乳房美がそれほど重んじられていなかった証拠であろう。そうかと思うと、歌麿の作品などで、まるで餅《もち》のようにふくらんだ乳房を誇示《こじ》している遊女もある。

ハリウッドにだって、ジェイン・マンスフィールドと完全に対照的な肉体の典型、ほっそり痩《や》せたオードリイ・ヘップバーンがいる。前者の突き出した豊かな胸が、男性の母親コンプレックスの集約された形だとすれば、後者のぺしゃんこな中性的な胸は、男性の無意識の少年愛的嗜好《しこう》を表現している、といえるかもしれない。

その時代の乳房美の理想に無理に順応《じゅんのう》するために、人工的に胸を圧迫して、乳房の型を矯正《きょうせい》する苦行《くぎょう》もいろいろ試みられた。キリスト教の禁欲主義の影響で、小さな胸が賞讃された十七世紀のスペインでは、若い娘の乳房は発育を止めるために、鉛の箔《はく》でぴっちり締めつけられた。ギリシア人も同じ目的のために、一種のブラジャーを用いることがあったらしい。

現代のブラジャーやコルセットは、逆にもっぱら乳房を下から押しあげ、胸郭《きょうかく》を締めつけ、乳房の盛り上りを強調するためのものである。ウェスト・ニッパーやガードルが腰部を締めつけ、尻の線を強調するのと同じである。こうした方法は、ヨーロッパでは十五世紀以来さかんに行われ、コルセットの骨組の材料には、木の薄片、鯨の骨、銀、象牙、鋼鉄などが用いられ、これに宝石を嵌《は》めこんだり、刺繍《ししゅう》をしたり、レース飾りをつけたりした贅沢《ぜいたく》なものも現われた。そのために呼吸器や消化器の機能が阻害《そがい》されるが、やむをえない。十七世紀の初め頃、フランスの一地方の裁判所が、不健康なコルセットの禁止令を出したこともあったが、その流行は一向にすたれなかった。

いわゆる世紀末のベル・エポック時代には、ルノワールの描くような豊満な女が美の典型だったので、コルセットに小さなクッションを入れて、胸をふくらませるのが流行になった。一九五〇年以降は、クッションの代りに空気を注いで、好みのままに胸の隆起を調節した。こうした乳房のヴォリュームに対する脅迫観念は、現在にいたるまでつづいている。現在では、ブラジャーの近代技術が、ゴムやスポンジの詰め物を提供したり、さらには化学的物質の注射による、おどろくべき豊胸手術となって現われている。

「フランス・オプセルヴァトゥール」誌に発表された学界ニュースによると、人工的なホルモンの投与によって、一メートル五〇センチの驚異的なバストに達した女性の例が報告されている。まさに二十世紀の乳房コンプレックスが生み出した、一個のエロティックな怪物である。

＊

乳房を表現した西欧の絵画のなかで、わたしのいちばん好きなのは、あのヴァザリの伝えるルネサンス期の奇行の画家、ピエロ・ディ・コシモの描いた「シモネッタ・ヴェスプッチ像」である。

蛇の頸飾《くびかざ》りを繊細な首にからみつけ、束《たば》にした髪には真珠の粒をつらね、大理石のような白い額を、背景の黒雲からくっきりと浮き上らせた美しいシモネッタは、乳房と上半身とを完全に露出している。二つの半球はそれほど大きくなく、乳暈《にゅううん》もなく、ただ乳首がほんのり紅い。——この空想的な肖像は、若くして逝《ゆ》いた薄倖《はっこう》の美女、ジュリアーノ・デ・メディチの愛人シモネッタを描いたもので、一説によると、彼女はボッティチェルリの「ウェヌスの誕生」のモデルにもなったといわれているほどの麗人だ。（もっとも、ボッティチェルリのウェヌスとコシモのシモネッタとをくらべてみると、両者はあまり似ているとはいえない。）

乳房は女の性感帯の主要なものだが、これを造形的に表現することは、性器そのものの表現ほど強く禁止されてはいなかったようである。神話的な主題に結びついた表現もあり、女王や娼婦の裸の半身像も、ルネサンス以来、多くの肖像画家によってしばしば描かれた。現在ルーヴルにある作者不詳の絵（フォンテンブロオ派）は、二人の若い貴婦人が並んで一つの浴槽に入っている図で、その一人がもう一人の乳首を指でつまんでいる。これは、その乳首にふれられている女、アンリ四世の寵妃《ちょうひ》ガブリエル・デストレが、妊娠していることを暗示しているのだそうである。

ピエロ・ディ・コシモ「シモネッタ・ヴェスプッチの像」シャンティー美術館

評判になった今村昌平の映画『にっぽん昆虫記』に、娘の乳房を吸う白痴の父親のエピソードが出てきて、観客にショックをあたえたが、この東北の異様な農村風景とそっくり同じテーマが、ヨーロッパの絵画の伝統のなかにある。「シモンとヴェラ」という題で、鎖《くさり》につながれた老囚人シモンに、胸をはだけた若い女ヴェラが、自分の乳房をふくませている図である。ルーベンスの絵がとくに有名だ。

「浴《ゆあ》みするスザンナ」の図も、多くのイタリアの画家の手で描かれた。スザンナは聖書に出てくるユダヤ女で、水浴しているところを二人の老人にのぞき見され、言い寄られる。ティントレットの絵では、二人の老人のうちの一人が、裸体のスザンナの乳房に手をふれている。聖書の主題を借りて、ほしいままにエロティックな放縦《ほうしょう》な空想をはたらかせたのである。

女が自分の乳房を自分の手で揉んだり、自分の口で吸ったりして快感を得る一種のオート・エロティシズムを「スクトゥス・ストゥプラティオ」と称する。この言葉はヴァレンティン・ヒルデブラントによって創始されたが、西欧の美術の歴史をみると、やはり、この主題が多く見つかる。ロココ時代の画家フラゴナールが、自分の乳房をもてあそぶ若い娘の図を描いている。

乳房をめぐる話題は切りがないが、最後に、残忍な宗教的マゾヒズムの例をあげよう。十九世紀におけるキリスト教異端、スコプツィ派の人々は、女性の性欲を消滅させるために、乳首を焼き切ったり、片方あるいは両方の乳房を切断したりした。この一派は、ロシ

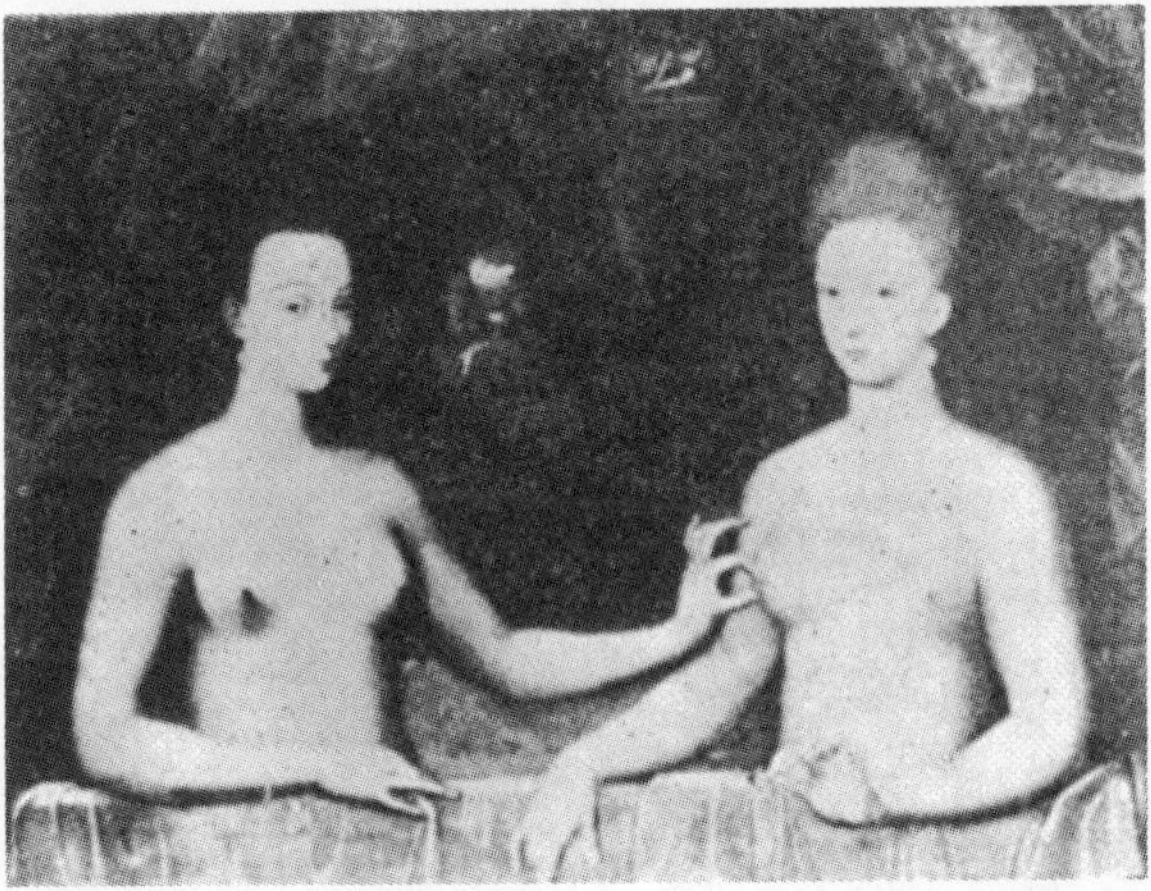

ガブリエル・デストレと公妃ヴィラール。フォンテンブロオ派。ルーヴル美術館

アやルーマニアに信仰の地盤をもっていたようである。乳房の切断ばかりでなく、男性に対しては去勢も行った。

中世では、多くのキリスト教の聖女たちが、殉教者《じゅんきょうしゃ》として乳房を切断されている。なかでも有名なのは、当時の版画や飾り絵になってあまねく知れわたった、パレルモ生まれの聖女アガタである。アガタの恍惚《こうこつ》の表情と、ヤットコをもつ二人の拷問者の真剣な表情に、乳房コンプレックスなどを知らぬ時代の健康さ（！）があると思うのは、わたしだけだろうか。

ドン・ジュアンの顔

ルネサンス以後、セックスの自由を象徴する神話的人物として、さまざまな芸術作品のなかに描かれてきたのが、かの有名なドン・ジュアンである。モリエールの戯曲『ドン・ジュアン』、モーツァルトの歌劇『ドン・ジョヴァンニ』を知らない者はあるまい。

歴史的に見るならば、このドン・ジュアンの元祖は、十六世紀スペインの劇作家ティルソ・デ・モリーナの書いた『セビリヤの色事師と石の客人《まろうど》』という戯曲のなかの、放蕩無頼な主人公である。しかし、すでにモリエールやバイロンがとり上げる以前から、このドン・ジュアンは、最初の創造者の意図と係わりなく、自立的な生命をもちはじめ、あの飽くことを知らぬ女蕩し、性の欲望に駆《か》りたてられ、ついにはその傲慢の罪ゆえに生命をほろぼす性的冒険者の典型として、生きはじめたらしいのである。

まず、心理学的な考察を加えてみよう。

「ある種の男にとっては、持続的に一人の女のための男であることが不可能である」といったのは、フランスの心理学者エナールである。これらの男たちには、エロティックな固着に対する不安があって、新しい女が目の前にあらわれるたびごとに、より完全な満足が彼女たちから得られはしないか、という気がするのである。むろん、多くの場合、この期待は裏切られる。もともと彼らにとっては、さまざまな内的理由のために、完全な満足が不可能となっているからだ。

いわゆるドン・ジュアニズムは、持続的な対象選択への不適合性の、洗練された一形式と見ることができるだろう。精神分析学的にいえば、それは幼児的な対象に対する無意識の自己愛的な執着によって、男性としての成長を阻害されている状態なのである。結婚生活という安定したエロティシズムの形式の方が、少なくとも心理学的には優位性を誇り得るだろう。

しかし、そのような否定的な見解にもかかわらず、ドン・ジュアンの人間像は、文学や思想の領域で、近世以後に初めて誕生した一種の新しい人格、新しいチャンピオンと呼ばれる資格をもっている。十七世紀以後、フランスに「自由思想家《リベルタン》」と呼ばれる一群の文人が輩出したが、モリエールの創造したシニカルなドン・ジュアン、神も悪魔も来世も信じないと明言する極道者こそ、じつは、このリベルタンの最高の文学的達成であった。つまり、リベルタンとは、あの中世の『トリスタンとイゾルデ物語』の主人公——一人の女を熱烈に愛し、ついに苦悩の果てに死ぬ男トリスタン——のような、いわゆる情熱恋愛の実践者とは、まさに反対の立場に立つ恋愛の実践家なのである。

リベルタンは愛欲の世界において、ひたすら快楽を求める。肉欲を洗練させ、肉欲の対象たる女性を、単に一つの快楽の目的として眺める。リベルタンは愛なき誘惑者であり、それはそのままドン・ジュアンの別名だ。持続に耐えられず、瞬間だけを信じて生きるドン・ジュアンは、幸福というものを信じない。なぜなら、幸福とは持続であり、快楽とは瞬間のエネルギーの消費にほかならないからだ。

カトリックでは、トマス・アクィナス以来、子供を産むことを性交の第一目的としているが、性の行為を一つの遊びと見るリベルタンは、種族維持の自然法則にしたがうことを拒否するのだ。

リベルタンは、ルネサンス時代のアナーキズムと、フランス革命以後の個人主義とのあいだを結ぶ、過渡的人間像とも称することができよう。ルネサンスからフランス革命にいたる秩序解体の過程には、さらにサド侯爵という巨大な人物が立っていて、神と絶対君主制の否定のために、最後の強力な一撃を加える。サドから以後、エロティシズムの歴史は塗り変えられて、その宗教に対する屈従を完全に脱するだろう。

ドン・ジュアン伝説が世界中を征服してしまってから、文献学者たちは、この神話的人物の過去における実在のモデルを探しはじめた。スペインのすぐれた人文学者グレゴリオ・マラニョンの説によると、このモリーナの劇作品には、二つの主要なテーマがあって、一つは誘惑者のそれ、もう一つは殺した男の亡霊を嘲笑するリベルタンのそれであるが、いずれもスペイン古来の民衆的な説話に属しているという。ドン・フワン・テノーリオ（モリーナの戯曲の主人公の名）という人物は、実際に何人もいたらしいが、最も有名なのは、カスティリヤのペドロ残虐《ざんぎゃく》王の宮廷に出入りしていた男であった。しかしモリーナの戯曲の真のモデルは、マラニョンの意見では、彼ではなくて、当時の有名な放蕩者ビリヤメディアナの公爵某という者であ

フェリシアン・ロップス「ドン・ジュアンの最も美しい恋」パリ国立図書館

ろうという。

おもしろいのは、モリーナの戯曲が書かれてから約二十年後、それがスペイン各地で大成功を収めていた頃、ドン・ミゲル・デ・マナーラというセビリヤ生まれの金持の青年が、伝説のドン・ジュアンにそっくりな放蕩無頼な生活をしはじめ、ために、この男と戯曲のモデルとが混同されて、現在にいたっているということである。

絶対の探求者にも似たドン・ジュアンの高貴な性格と、カザノヴァのような陽気な漁色家のそれとを混同してはいけない。死と性的エクスタシーとの相似を意識しているかのような、ドン・ジュアンの決然たる態度、シニシズム、絶対趣味は、スペイン独特のものである。それは、あのベラスケスやゴヤの狂気を秘めた冷たさにも通じている。

これに反して、典型的なイタリア人であるカザノヴァは、ついに野卑な懐疑主義を超えることができないのである。

＊

宗教的なタブーも道徳的なタブーもどんどん解除されつつある現在では、愛欲の観念はほとんど性的欲望の観念と同義になり、単にキンゼイ・レポートの研究対象にすぎなくなったようにも見受けられるが、ドン・ジュアンの神話は、やはり依然として、その光輝を失ってはいないようである。それが証拠に、ごく最近も、多くの文学者が、ドン・ジュアン神話に鋭い解剖のメスを加えているのだ。いま、その幾つかを紹介してみよう。まず、名著『愛と西欧』を書いたドニ・ド・ルージュモンによれば、——

「ドン・ジュアンの神話的な人格が、女性の心と、ある種の男性の精神を魅惑するのは、彼の限りなく矛盾する性質から説明されるように思われる。ドン・ジュアンは同時に純粋な人間であり、本能の自然発生であり、無数の可能性を踏みこえて踊り狂う純粋な精神でもある。永遠の不実ではあるが、また、欲望の飽くなき錯誤のために、決して摑《つか》まえられない唯一の女性を永遠に追い求める者でもある。出逢いのたびに甦《よみが》える青春の異常な渇望であり、そしてまた、所有することができない人間の人知れぬ弱さでもある。……トリスタンは世界を必要としない。彼は愛しているから！　しかるに、つねに愛されるドン・ジュアンは、その愛に愛をもって報いることができない。彼の苦悶も、狂ったような放浪も、そこから始まるのだ。」

次に、ドン・ジュアンとカザノヴァとを比較したステファン・ツヴァイクの意見を掲げよう。

「あの名代の女性の敵であるドン・ジュアンを、女性の恋人《アモローゾ》とか友達とか考えることほど、愚かな誤ちはない。というのは、彼を女性の方へ駆り立てるのは、決して真心のこもった愛とか情とかいったものではなくて、男性の根源的な憎悪だからである。彼が女を手に入れるのも、決して自分のために彼女たちを所有したいからではなくて、彼女たちから何物かを奪わんがため、彼女たちの貴重な名誉を取り上げんがためである。彼の快楽はカザノヴァにおけるように、精嚢《せいのう》からほとばしり出るのではなくて、脳髄から発するのだ。この魂のサディズム愛好者は、どの女を相手にした場合にも、恥ずかしめ、卑しめ、女性の本質そのものを傷つけることを望んでいるからである。……ドン・ジュアンのエロティシズムは、いかなる休息あるいは享楽《きょうらく》を求めもせず、探しもしない。その血に結びついた一種の復讐のために、彼は男性として、永遠に女性に対して闘いを挑《いど》むのである。悪魔がそのために、最も完全な武器を彼に与えた。すなわち、富、青春、貴族の身分、肉体的魅力である。そしてさらに重要なものは、氷のように冷たい絶対の無感動である。」

ツヴァイクは、悪魔のような冷酷なドン・ジュアンの姿を描いている。一方、ティエリ・モーニエが語るドン・ジュアンは、もっぱら神に挑戦する形而上学的冒険者である。「モリエールの戯曲のなかで私たちが知っているドン・ジュアンとは、何であろうか。スペインの色事師でもなければ、女をだまし堕落させるペテン師でもない。現代の性心理学におけるがごとき、狭い意味での誘惑者でもなければ、ヴァルモン（ラクロ『危険な関係』の主人公）の祖先でもない。知的エロティシズムの最高水準をゆく、サドの作中人物の祖先でもない。さらにまた、あらゆる実験に裏切られる、絶対的愛の孤独な絶望的な探求者でもない。彼の荒涼たる夜には、愛はなく、愛のための場所もないのである。……ところで、戯曲が始まると同時に、ドン・ジュアンは女性を追い求める冒険に出発するが、じつはこの冒険は、より高い、より危険な冒険のための手段の一つにほかならない、と思われる節があるのだ。つまり、善に対する一つの偉大な魂の反逆である。単に道徳的社会的な善、美徳や憐憫《れんびん》に対する反逆であるのみならず、善の原理そのものに対する反逆である。生命を原理とした断固たる悪の選択、神への侮辱《ぶじょく》、冒瀆《ぼうとく》的言辞によって、人間の自由と、この自由の誇りを絶対的に肯定するのである。彼にとって、女が副次的な目的、従属的な目的でしかない所以《ゆえん》である。」

「ドン・ジュアンは徹底的に神の敵である」とフェリシアン・マルソオも、同じようなことをいっている。「彼は何を探しているのか。快楽ではなくて勝利である。ドン・ジュアンにとって、快楽は魂に触れるための手段、魂を征服し略奪《りゃくだつ》するための一つの手段でしかない。カザノヴァは魂をてんで無視している。美しい表面だけで彼には十分なのだ。ドン・ジュアンと、その快楽と、その歓びと、その使命とは、誘惑すること、つまり、詐取《さしゅ》することである。」

アンリ・ド・モンテルランは、ドン・ジュアンを不幸な人間と見る心理学的な意見に徹底的に反対している。すなわち、——
「ドン・ジュアンの人物について、しばしば語られていることは、彼が女から女へと渡り歩くので、いつも不満な心をいだいており、したがって、彼は不幸な人物にちがいない、ということだ。しかし、ドン・ジュアンが愛しているのは狩猟であり、新しさであり、征服の快楽なのである。女がいかに陥落《かんらく》するか、陥落しながら、いかにその秘められた真実を暴露するかを知ることを、彼は愛しているのである。それは所有そのものではなく、肉体的というよりもむしろ知的な必要であって、精神の悪徳のごとく、征服したそれぞれの女に、自分の所有の烙印《らくいん》を押すことなのである。ドン・ジュアンは狩猟をしながら、自己を実現する。彼は好きなことをしているので、したがって、彼は幸福なのだ。彼が女から女へと渡り歩くから不幸だと考えることは、彼が追求しなかった目的に到達しなかったから不幸だと考えるのと同じことだ。ドン・ジュアンが女から女へと渡り歩くのは、彼が期待していたものを女たちから一つも受け取らなかったからだ、という人がいる。しかし、おそらく彼は期待していたもののすべてを、それぞれの女から受け取ったにちがいないのだ。」（『女性について』）
次に、クロオド・ジャメの意見を紹介する。彼は手放しでドン・ジュアンの人間的魅力を称えている。

「いかにドン・ジュアンを定義したらよいか。ある者は彼を断罪し、ある者は彼を称揚する。実際、彼は誰にとっても、情熱をかきたてる一つの謎《なぞ》のような存在なのだ。ほんとうに彼は偉大な野心家の種族、王国の建設者の種族なのか。自分の勝利を楽しみ、幾度でもやり直し、征服した女の数を数える人間なのか。さらにもう一つ！　要塞《ようさい》や塹壕《ざんごう》を破るように、美徳の防備を破壊し、羞恥心の関門を突き破る人間なのか。彼は賭博師か。たぶん、パスカルのそれのように、獲物よりも狩猟そのものを好む猟師なのだろう。偏執狂なのか。真珠をつなぐように、美人をつないで首飾りをつくる蒐集狂なのか。明らかにドン・ジュアンはエゴイストだ。全世界が彼には、自分の足もとに捧げられた餌食のように見えるらしい。すべての女が彼には、自分に摘まれ、味わわれ、捨てられることを待っている果物のように見えるらしい。いやはや！　彼は芸術家で、洗練された男で、名人でもある。たぶん、好奇心と空想の遊びによる背徳的な趣味の男でもあろう。ペラダンはいみじくも彼を感覚の錬金術師と呼んだ。いずれにせよ彼が自分なりの方法で、賢者の石を探しているのは確かだろう。」

「ドン・ジュアンにとって、感覚は目的ではなく、その力の手段である」といっているのは、アルフレッド・ファーブル・リュスである。「彼は快楽を利用する、現実世界を永久に存続させるためではなく、むしろ彼の気に入る一つの可能な世界を創造するために。

……彼の快楽は、さらに精神に属している。肉体的な所有は、もはや熱烈に渇望された一つの陶酔《とうすい》ではなく、彼の力をたしかめ、彼の想像力を解放するための一つの手段にすぎない。彼は架空の勝負を演ずる」と。

最後に、クロオド・エルサンの折衷《せっちゅう》的な意見を引用しよう。

「ドン・ジュアンは希望を知らない。といっても、とかく世人が彼に与えるロマンティックな絶望した人間という評価は、大いに間違っている。むしろ彼の場合、希望のない人間といった方が正しいだろう。彼は、あらかじめ知らないもの、望みのままに生ぜしめたり、創ったり、また創ったり、味わったりすることのできないものは、何ひとつ期待しない。彼のデーモンは、明晰《めいせき》のデーモンである。彼はそれと仲よく暮らしている。彼は悩みを知らないが、といって、幸福だともいえない。せいぜい愉快というところだ……彼は自分のために、《氷のように冷たい絶対の無感動》（ツヴァイク）を保っている。人は彼をうらやむかもしれないし、憐れむかもしれない。けれども、愛の名によって彼を罰しようとすることは、無意味である。愛を知らない者、愛することの魅力を知らない者、そして、そのことを承知の上で明快に割り切っている者は、結局、愛と愚かな情欲の昂奮とを混同する者よりは、むしろ神の近くにいるからである。」（『ホモ・エロティクス』）

さて、こうして見てくると、ドン・ジュアンなる神話的人物には、ずいぶんいろいろな顔があることがお分りであろう。八人の評論家の意見を紹介したが、このほかにも、たとえばアルベール・カミュが『シジュフォスの神話』のなかで、不条理の人間としてのドン・ジュアンの行動を、独特の美しい詩的な筆致で描き出しているのを御承知の方もあろう。

古くて新しいエロス的実践者の神話は、今後も、愛とセックスと死の問題を追求する人たちのあいだに、永遠に語り継がれて行くことであろう。

エロティック図書館めぐり

サド侯爵の作品やエロティック文学の研究をしているうちに、パリ国立図書館の「危険書庫」というものに興味をもつようになった。パリの国立図書館は、さかのぼれば十六世紀フランソワ一世の黄金時代に端を発しているが、十九世紀の初頭から、その一郭に、とくに風俗壊乱の惧《おそ》れのあるエロティックな書物を集めた、公開禁止の部屋が設けられて、それが「危険書庫」と呼ばれてきたわけである。フランス語で enfer（地獄）と名づけられているので、わたしは「地獄」室という邦訳語をつくって、これに当てている。その方が、いかにも危険な有害な書物がひっそりと眠っているような、秘密めいた暗い感じがして、印象的だと思うのである。

二十世紀初頭、詩人のアポリネエルが「愛の指南」叢書を編集するために、この「地獄」室をしらみつぶしに引っかきまわして、いろんな好色作家の作品を掘り出してきたのは有名な話である。サドの最初の『美徳の不幸』の未発表原稿も、この国立図書館に百年以上も埋もれていたのを、アポリネエルが発見したのである。アポリネエル亡きあと、彼からサド研究の事業を受け継いだモオリス・エーヌや、ジルベエル・ルリイなどという熱心な学者も、それぞれ国立図書館から貴重なサド文献を発見している。研究家にとっては、まさに宝庫のような場所であろう。

この国立図書館に、政府の命令で「地獄」室が創設されたのは、ナポレオンが軍事的独裁権をふるった第一執政の時代であった。それ以来、好色的な作品は一般人には公開禁止になった。いつの時代でも、独裁者というものはエロティシズムを好まないものらしい。しかし、そのおかげで、古今東西の好色文学の一大コレクションが完全に庇護されて、二十世紀の現在に残されることになったのだから、まことに皮肉なものである。

「地獄」室という名称は、ローマのヴァティカンの図書館から借りた。フランス国立図書館よりも、ヴァティカンのそれの方が歴史も古く先輩格に当たるわけで、エロティック文学の蔵書の数も、このカトリックの総本山の方がはるかに多く、世界一を誇っている。書籍二万五千冊、版画十万枚というから、驚くべき膨大なコレクションと言わねばなるまい。

歴代ローマ法王は、カトリック信徒の魂を善導するために、禁書目録というものを作成してきたが、その参考資料として、好色文学作品にも目を通す必要があったのかもしれない。

第二の大きなコレクションは、大英博物館のそれである。ここでは「地獄」室は「アルカナ」、つまり「秘密」室と呼ばれていて、蔵書の数は二万冊におよぶ。十九世紀末のイギリスに、スペンサー・アシュビイという風変わりな好色文学の収集家がいたが、この男が死んだとき、その蔵書がそっくり大英博物館に買い取られたのである。値段は当時（一九〇〇年）で百万ドル以上と踏まれたから、いかに貴重な収集であったかが分かるであろう。アシュビイはピサヌス・フラクシという匿名《とくめい》で英国の好色文学目録を作ったり、サドの『ソドム百二十日』の一部を世界で初めて発表したりした人である。

なお、大英博物館の「秘密」室には、エロティックな絵画や写真なども集めてあって、たとえば、詩人のスウィンバーンが若いアメリカの女優と露骨なシーンを演じている写真などもあるという。

第三の大きなコレクションは、有名な故キンゼイ博士が設立したインディアナ大学性科学研究所の図書館であろう。設立以来十五年になるかならないうちに、一万五千冊がそろったというから、その努力は賞賛されてよい。現在、目録の作成中であるという。このキンゼイ・コレクションには、また便所の落書から巨匠の名画にいたるまでの、あらゆる種

マックス・ワルター・スワンベルク。ランボオの「イリュミナシオン」のための作品。

類の造形芸術作品が集められていて興味ぶかい。日本の春画もあれば、彫刻のあるプレ・コロンビヤンの壺などもある。

もちろん、数ばかりいたずらに多くても、その質が粒よりに優秀でなければ話にならない。その点で、パリの国立図書館は、蔵書の数こそ二千五百冊という比較的少ない量を示しているが、いずれも選り抜きの珍籍奇書であって、独特の地位を保っている。

アメリカのモーガン財閥の個人コレクションも、百万ドル以上の金額を投資したというだけあって、すばらしい版画類をそろえている。各コレクションには、それぞれ他が真似することのできない特徴があるものだ。ワシントンの国会図書館には、約五千冊のエロティック文学の蔵書があるが、それらの本は発行されると同時に、全部数を税関や郵便局で押収されているので、アメリカの他の場所では絶対に見つからないものだという。

各地の医科大学や精神病研究所にも、主として異常性欲の分野から眺めたエロティック文学の収集がある。ニューヨークの医学アカデミイと国立精神病研究所は、この方面の最も豊富な文献をそろえているらしい。とくに後者は、一九三九年、フロイト博士がナチスに追われて英国へ亡命したとき、彼の個人的な蔵書をごっそり持って行ったので、一ぺんに膨大な資料を擁することになった。ヒットラーの鼻を明かしたわけである。

世界一の富豪と謳《うた》われたエジプトのファルーク王が、その方面の貴重なコレクションを所有しているにちがいないと、長いあいだ世間は信じていたものであった。ところが、彼がナギブ大佐のクーデターによって亡命した後、物好きな連中が王宮を捜してみると、出てきたのは、まことにたわいないピン・アップ写真とか、裸体写真とか、ブルー・フィルムとかばかりであったという。……

エロティック文学を集めた書庫に「地獄」室とか「秘密」室とかいう大げさな名前をつけたがるのは、そういうものに対して通常人が感じる、当惑と恐怖の証拠かもしれない。もっとも、ワシントンの軍医図書館では、あけすけに「桃色ケース」あるいは「桜んぼの戸棚」と称している。ハーバード大学では「地獄の穴」と称し、ワシントンの国会図書館では「デルタ」と呼ばれる。デルタは三角形のギリシア文字で、申すまでもなく女性性器の象徴だ。ブルックリンの公共図書館では「宝物庫」と称しているが、これはずいぶん皮肉な呼び名である。ニューヨークの公共図書館では「檻《おり》」と呼ばれ、この檻の鍵は、司書の資格のある年配者にしか渡されない。

厳重に公開を禁止している「地獄」室もあれば、一般人にも比較的容易に見せてもらえる書庫もある。ヴァティカンの図書館では、書物好きの研究者のために便宜をはかってくれるし、パリの国立図書館でも、学者や研究者の閲覧希望はかなり自由に許してもらえる。ワシントンの国会図書館は、この点に関してまったく自由で、十六歳以上の年齢の者なら誰でも閲覧を許される。ただし、閲覧者が本を見ているあいだ、背後にピストルをもった髭《ひげ》の番人が控えているというから、あまりいい気持ちはしないだろう。これは、挿絵のあるページを切り取って持って行くような不心得者がいるためである。

ドイツのエドワルド・フックスが『エロティック芸術の歴史』に、四百五十種以上の文献を再録したのも、パリ国立図書館の「地獄」室から資料を得てのことである。ついでに述べれば、やはりフックスの編集した『ティターネン・エロティーク』は、縦六〇センチ横一メートル二〇センチの大版の画集で、古代からの巨匠のエロティックな作品が原色版で入っている超豪華本である。しかし、最も完璧なエロティシズムに関する総合的研究の書は、ウィーン性科学研究所の監修になる『絵入り綜合辞典』四巻であろう。全巻四千ページに近く、その資料は大部分、ウィーンおよびベルリンの性科学研究所の図書館から得たものと言われる。

このオーストリア学派の図書館はヒットラー時代に閉鎖を命ぜられたが、そのとき膨大なコレクション、版画や書物は果してどこへ散逸したか、いまだに謎とされている。考えてみれば、じつに惜しい文化財の喪失であった。ヒットラーの命により、ベルリンの研究所は「ユダヤ文化研究所」に看板を塗り変え、政治的プロパガンダの材料を収集することになった。ウィーンの研究所は一九三八年、完全に廃された。

ドイツにも、やはり各地の図書館に「地獄」室があったのであるが、第二次大戦で散逸したり、焼けてしまったりしたものが多い。ミュンヘンの国立図書館には、現在でも「隔離」室と呼ばれる危険書庫があり、一部から五部までに分かれている。そのうちの第二部には性科学文献が集められていて、五百五十冊ほどの蔵書を数え、西ドイツでは最も豊富な部類に属する。いかに性科学の本場とはいえ、戦後の現在では、かつてのウィーン学派のような活発な運動は全然見られない。

ふたたびフランスに話をもどそう。

パリ国立図書館の「地獄」室の蔵書目録は、アポリネエルと、その友人のルイ・ペルソオ、フェルナン・フルウレの三人によって作成された。三人の共著という形で、一九一三年、メルキュール・ド・フランス社から刊行されている。全部に整理番号がついていて、洩れなく記載してあるという。アレティノや、ベッカデルリや、サド侯爵は言わずもがな、アンドレア・ド・ネルシアも、バッフォも、レチフも、クレビヨンも、ミラボオも、ことごとく、そこに登場する。

一八五七年に禁じられたボオドレエルの『悪の華』は、地獄番号一四〇九番であり、ミュッセ作と伝えられる『ガミアニ』は、地獄番号五八番であり、ヴェルレエヌの『女たち』は九六八番、ピエール・ルイスの『アフロディット』は一〇六五番である。

アポリネエルという男は実に変わった人物で、エロティックの研究家としては一流であり、自分でも『一万一千の鞭』（地獄番号一四一七）『若きドン・ジュアンの冒険』（同九三八）などといった好色小説や『陽物神の行列』（同九三九）『愛の果樹園』（同一一一〇）などという好色詩を書いている。わたしは最近『一万一千の鞭』を読んだが、ちょっと糞便文学《スカトロジィ》みたいなところがあって、非常に面白可笑しい小説であった。

最近死んだ『エロスの涙』の著者ジョルジュ・バタイユも、一九二二年から一九四二年まで、じつに二十年間もパリ国立図書館にまじめに勤めていた男である。それから肺結核になって図書館をやめ、ヴェズレエの田舎《いなか》でしばらく静養していたが、一九四九年以後には、ふたたびカルパントラ図書館、次いでオルレアン図書館の館長になっている。

アンドレ・ブルトンが『シュルレアリスム第二宣言』の中で「バタイユ氏は、一日のうちの数時間を、図書館員らしい慎重な指先で、古ぼけた、だが時によっては魅力的な原稿をしらべることで過ごしているので、夜になると、不潔なものを腹いっぱいに食べざるを得ないのだ」と皮肉っているのは、面白い。

いずれにせよ、アポリネエル、モオリス・エーヌ、ジョルジュ・バタイユといった二十世紀のエロティシズムの探求者が、すべてパリ国立図書館に深い関係をもっているという事実は、決して偶然ではあるまい。彼らをそこへ呼ぶのは、ひょっとすると「聖」侯爵の亡霊かもしれない。

ピエール・アンジェリック『エドワルダ夫人』について

一九五五年に、パリのジャン・ジャック・ポオヴェール書店から刊行された不思議な小説本がある。著者はピエール・アンジェリックという聞いたこともない人物で、去年亡くなった哲学者のジョルジュ・バタイユが、序文を書いている。この小説本の題名は、『エドワルダ夫人』という。

刊行者のノオトによると、この小説本は、一九四一年および一九四五年の二回にわたって、それぞれ五十部くらいの限定版によって、秘密出版されたということであるが、むろん、わたしには、その真偽を確かめるよすがもない。

何より奇妙なのは、この小さな薄い書物の体裁である。セルロイドの箱に入っている。

表紙は緑色の羅紗みたいな、けばけばした布地で、そこに桃色の長方形の紙が貼ってあり、小さく白抜きで Madame Edwarda（エドワルダ夫人）と刷ってある。裏表紙も同じように、桃色の紙が貼ってあり、そこにラテン語で小さく Divinus Deus（聖なる神）と刷り込んである。「聖なる神」とは、何事であろう！

本文に目を通すと、これがまた実に奇妙である。というのは、全体のページ数が約八十ページのうち、刊行者のノオトと序文が合わせて三十三ページもあり、肝心の小説の本文は、わずかに四十ページぐらいの量しかないからである。

おまけに、その本文は、大きな活字で贅沢にぱらぱらと組んであるので、もし日本語に飜訳するとすれば、せいぜい原稿用紙三十枚くらいで収まってしまうのではないかと思われる。そのくせ、値段は（当時としては）恐ろしく高くて、一部千五百フラン（旧フラン）であった。

著者ピエール・アンジェリックとは、いったい何者であろうか。アンジェリックとは、申すまでもなく「天使のような」という意味だ。しかし、わたしもずいぶん現代小説を読み散らしている方だが、そんな小説家の名前はついぞ聞いたことがない。刊行者のノオトにも、作者の素姓を明かすようなことは、何ひとつ書かれていない。おそらく匿名であろう。この点について、わたしは以前、京都大学の生田耕作氏と意見を交わしたことがあった。

ところで、当今稀に見るすぐれた文学の目利きであり、わたしと同じくサド侯爵の崇拝者でもある生田氏の意見によると、このピエール・アンジェリックなる人物は、じつは、同じ本に序文を寄せているジョルジュ・バタイユそのひとの変名ではなかろうか、というのである。

なるほど、そう言われてみれば、接続詞の極度に少ない簡潔な断絶的な文体といい、残忍な形而上的なイメージといい、ここには、あのバタイユを思わせるものがすべて揃っている。暗黒の中から次々と立ちあらわれてくる、瞬間的な、血を滴らすような、奇妙に生ま生ましい凝集力にみちた『エドワルダ夫人』の文体は、サルトルによって「二十世紀の神秘家」と評されたあのバタイユ以外には、いかなる現代作家にも書けるものではないはずだ、という気がされてくる。

しかし、それにしても、自分の匿名小説に自分で序文を書くとは、いかにも人を食った話ではないか。バタイユもかつてはシュルレアリスト・グループに属していたので、そのくらいのミスティフィカシオンは平気でやるかもしれない。いずれにせよ、青ざめた日本の小説家諸君には、とても真似のできない芸当であろう。

日本でも幾つかの難解な評論の飜訳によって知られているバタイユには、他に『太陽の肛門』（一九二六年）『空の青』（一九三六年）『C神父』（邦訳名『蠱惑の夜』一九五一年）などというエロティックな小説作品があり、またみずから破棄したと伝えられる初期の作品にも、『W・C・』などというスキャンダラスな題名をもつ作品があることだから、この異様な短かい小説『エドワルダ夫人』の真の筆者が、生田氏の推測通り、よしんば彼バタイユに他ならなかったとしても、べつだん少しも異とするには足りないわけである。

さて、ここで小説の内容を御紹介しなければならないが、――わたしは、前に一度読んだ原文をもう一度読み返してみて、はたと当惑せざるを得ない。

まるで酔っぱらいの寝言のように朦朧としていて、つかみどころがなく、およそ筋など紹介できる代ものではないのだ。エロティックな描写のなかに大文字の「神」などという言葉が突如として飛び出してきたりする。おそろしく卑猥で、おそろしく神聖な観念がごちゃまぜになって、あたかも真っ暗な夜のなかを恍惚として漂っているかのような、何とも説明のつかない秘密めいた、これは一種の内的経験に即した哲学小説なのだ。哲学のオルガスムスとでも言うべきか。

エピグラフとして、次のような文章が最初に掲げられている。すなわち、

「君に何か怖いものがあるならば、この本を読むがいい。しかし、まずおれの言うことを聴け。君が笑うのは君が怖がっているからだ。たかが一冊の本など無力なものだ、と君は

思っているだろう。そうかもしれない。しかし、よくあることだが、もし君が本の読み方を知らなかったらどうだ? それでも君は怖がるだろうか?……君は孤独か? 寒いか? 君は、どれほどまでに人間が『君自身』であるか、どれほどまでに愚かであるか、どれほどまでに裸であるか、知っているか?」

*

小説『エドワルダ夫人』の物語は、——先にも述べた通り、ほとんど物語とも言えない物語であるが、——一人の男が街角で突然、ある官能的な悩ましさを感じ、はしご酒を飲んで泥酔して、エドワルダ夫人という神秘的な娼婦に会い、彼女とともに、夜のパリの街を夢遊病者のようにうろつくという、奇妙な構成のものである。このエドワルダ夫人という怪しげな女は、みずから「神」と名乗る。

こころみに、物語の最初の部分を次に飜訳してお目にかけよう。文体の特異さを伝えるために訳文はわざと直訳体にしておこう。

「ある街角で、悩ましさが、ある不潔な陶然とさせる悩ましさが、おれの顔をゆがませた。(たぶん便所の階段で、人目を忍ぶ二人の娘を見たためにちがいない。)そのとき、吐きたいような気分に襲われた。裸になればよかったのかもしれない。さもなければ、おれの渇望するあの娘たちを裸にしてやればよかったのだ。そうすれば色褪せた肉の生温かさが、おれの気分を楽にしてくれたことだろう。が、おれは、もっとけちな手段に頼った。バーで一杯のペルノ酒を註文し、それを呑んだ。バーからバーを渡り歩き、そのうちに……夜がすっかり落ちてきた。」

「ポワソニエール広場からサン・ドニ街にいたる恰好な通りを、おれはふらふら歩き出した。孤独と闇とが、おれをすっかり酔っぱらわせた。人気のない通りで、夜は裸になっていた。おれも夜のように、裸になりたいと思った。ズボンを脱いで、腕にひっかけた。おれの胯間と夜の冷気とを結びつけたかったのだ。おれはしびれるような自由を感じた。おれのものが大きくなるのを感じた。突っ立った性器を、おれは手で握った。」

それから彼は、ある店で、エドワルダ夫人という娼婦を発見する。彼女はすばらしく魅力的で、彼の趣味に合う。女は彼の隣りへ来て腰かけ、さっそく二人は接吻する。女は彼のズボンの中をさぐる。ところが、彼は突然「ガラスのように砕けてしまい、ズボンの中で戦慄」する。女を抱きしめると、突然のショックに打たれる。まるで神の前にいるような、打ち棄てられた孤独な気分になるのである。期待した快楽などは、どこかへ吹っ飛んでしまったようだ。やがて彼は気分が悪くなり、錯乱し意識を失ってしまう。

気がつくと、エドワルダ夫人の声がする。夫人の声は、かぼそい肉体のように卑猥である。「いいものを見せてあげましょうか?」と夫人が言う。彼が引きつった両手をテーブルにのせたまま、夫人の方に目を向けると、彼女は開いた片脚を高々と持ち上げている。割れ目を大きく開くために、彼女は両手で自分の皮膚をひっぱる。こうしてエドワルダ夫人の「いいもの」は、彼の目の前にさらけ出される。「毛の生えた、桃色の、いやらしい蛸のように生き生きした」もの。……

「なぜそんなことをするんだ?」と彼が訊くと、女は、「だって、あたしは『神』なのよ」と答える。「じっと見ていなければ駄目よ、じっと見て!」

それから、女はなおも挑発的な姿勢を崩さずに、「接吻して!」と命令する。「他人の見ている前でかい?」と男が訊くと、「もちろんよ!」と彼女は答える。

そこで、彼はふるえながら膝まずき、彼女の「生ま生ましい傷口」に接吻(クンニリングス)するのである。女の裸の腿が、彼の耳を撫でる。まるで大きな貝殻に耳を押しつけた時のように、波の音が聞えるような気がする。……

やがて淫売屋の鏡張りの部屋で、二人は痴態を繰りひろげる。それから女が突然、白いボレロと黒ビロードの仮面をつけて、「外へ出ましょう!」と言う。

彼も服を着て、一緒に外へ出ると、女は深夜のひっそりとした道を、いきなり一人でどんどん駈けて行ってしまう。そしてサン・ドニ門の下に立ち止まって、彼を待っている。

その黒々とした影は、単純で、「穴のように不安を起させる。」

そのとき、彼は突如として悟る、「彼女」は自分で言った通り、やっぱり「神」に他ならなかったのだな、と。彼女の存在は、一個の石のような理解しがたい単純性をもっている。……

そのあと、彼女は男とともに夜の街を歩きながら、狂乱状態に陥って、わめいたり罵ったり、痙攣を起したり失神したり……あるいはタクシーに乗って、車の中で素裸になり、運転手を挑発して、彼の見ている前で、運転手と情事を行ったり……次々と突発的な行動をするのであるが、――すでに読者にもお分りの通り、この小説では、そんな筋をいちいち説明してみたところで、何の意味もないのは明らかである。この辺で、筋の説明はやめておこう。

ただ最後のシーンだけをお伝えしておこう。運転手との情事を終えて、エドワルダ夫人は素裸のまま、タクシーの中で、幼児のように昏々と眠る。運転手も語り手の「おれ」も、それにつられて眠ってしまう。三人とも眠ってしまうところで、この小説はぶっ切れているのだ。

＊

要するに、この小説は、作者と思われるバタイユが序文で説明している通り、愛欲と死とが楯の両面であって、この二つに係わる極端なエクスタシーの領域のみが、日常性から超脱した神聖の領域に他ならないということを、作者自身の一種の神秘的な体験によって、示そうとしたもののごとくである。

人間は生殖器ないし性行為を笑いの対象とする傾向があるが、この笑いは、じつは恐怖の表象に他ならない、ともバタイユは言っている。笑いは一種の妥協の態度なのだ。しかしエロティシズムの本質は、元来笑いとは少しも関係のない、悲劇的なものであるはずだ。

……

こうした考えは、いわばバタイユの哲学の骨子であって、その他の彼の評論、たとえば『エロティシズム』(一九五七年)とか『エロスの涙』(一九六一年)とかのような作品中にも、さまざまなヴァリエーションとなって、繰り返し現われているのである。

ところで、小説『エドワルダ夫人』の中には、女が自分の性器、「生ま生ましい傷口」をみずから開いて、男の目の前に差し出すショッキングな場面が二カ所ほどあるが、このイメージは、バタイユの哲学にとって、きわめて象徴的と言わねばならない。というのは、サルトルによると、バタイユ氏の表現しようとしているものは、ほかならぬ人間の中の「裂け目」だからである。

ヘーゲルのように弁証法的な展開を認めようとしないバタイユは、ただ現実世界に、テーゼとアンチテーゼとの悲劇的な葛藤のみを見る。人間とは、たえず諸力の葛藤の場として自らをつくり出して行くものの謂だが、その葛藤において人間のうちに、暗黒の夜に向ってその傷口を開く「裂け目」が生ずる。これがバタイユの表現せんとしているものだ、とサルトルは言うのである。

そうしてみると、この作者不明の小説『エドワルダ夫人』は、いよいよもってバタイユ氏の筆のすさびではなかろうか、という見方が強まってくるのも止むを得まい。その文体においても、その思想においても、バタイユのそれと軌を一にしている点が、あまりにも露骨に見て取れるからである。

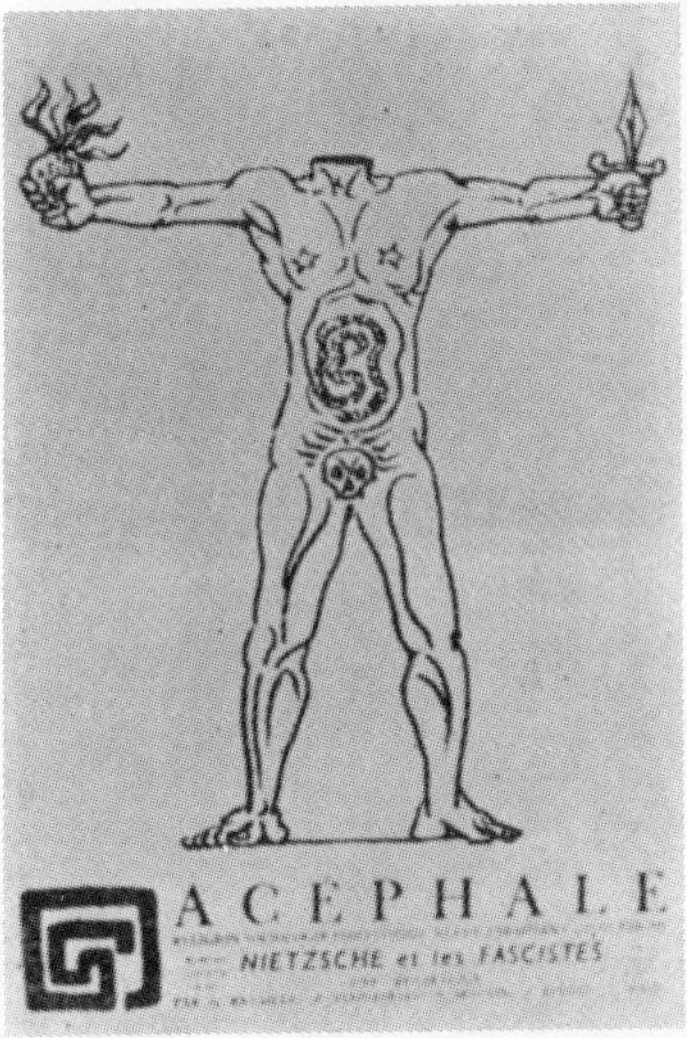

「アセファール」の表紙。アンドレ・マッソンのデッサン。

＊

わたしは、このバタイユという作家が好きで、その定評ある難解な文章を判読して行くのに、つねづね大きな歓びを感じていたものだが、その彼も昨年七月、ついに六十六歳をもって不帰の客となってしまった。まことに残念なことである。二十世紀は、エロティシズムの真の大家をここに失った。彼が若い頃（第二次大戦前の一九三六年から三九年まで）主宰した雑誌に『アセファール』というのがあるが、これは表紙にアンドレ・マッソンの、無頭の怪物（アセファール）のデッサンが描かれていて、今読んでも実に面白い雑誌である。クロソウスキー、カイヨワ、モヌロなどといった同人の、未だに古びない粒選りの論文が並んでいて、雑誌とはこういうものでなければならないというのが分るような気がする。

この雑誌の特集には、たとえば「ニーチェとファシズム」といったような、尖鋭な政治問題も扱われているが、情勢の混沌とした第二次大戦の前夜に、彼らが反ファシズムと反スターリニズムの基本線を強力に誌面に打ち出しているのは、やはり注目に値しよう。無頭の怪物（アセファール）とは彼らにとって、独裁者否定の思想をあらわす一つの象徴でもあったようだ。

付記。——バタイユが死んでから、ジャン・ジャック・ポオヴェール書店の図書目録は、

『エドワルダ夫人』の作者をバタイユと明示するようになったので、やはり生田氏の推測は適中していたことになる。

玩具考

オーギュスト・コントの発見した人間精神の三段階の法則は、玩具の発達の歴史をながめた場合にも、ほぼ、ぴったり当てはまるように思われる。すなわち、最初は「神学的状態」であり、次は「形而上学的状態」であり、最後は「科学的状態」である。

たとえば、もろもろの玩具のなかで、おそらくいちばん最初に考案されたにちがいないと思われる、人間や動物のすがたを象った人形を例にとってみても、それらが古代エジプトやバビロンにおいては、もっぱら貴族の墳墓のなかから発見される副葬品であったという点に、注意されたい。日本の埴輪土偶とおなじく、玩具はもと、葬儀のための奉納物であったと信ずべき節がある。むろん、人間のすがたを象った人形には、霊があると考えられていたでもあろう。「神学的状態」とは、要するに、これをいう。

人形が小児の玩具になったのは、人形に対するアニミズム的な畏怖の感情の拭い去られた後の時代のことであったにちがいない。

文明とともに、機械崇拝の思想が新たに玩具に結びつく。素朴な蒸気機関や圧搾ポンプや、バネや歯車装置は、実用機械とともに玩具の性格をも一変させた。機械が、人間の手脚となって働くばかりでなく、機械そのものの自立的な世界（つまり新たな玩具の世界）をも成立させるものであるということに、人間はようやく気がつくのである。生きた自然

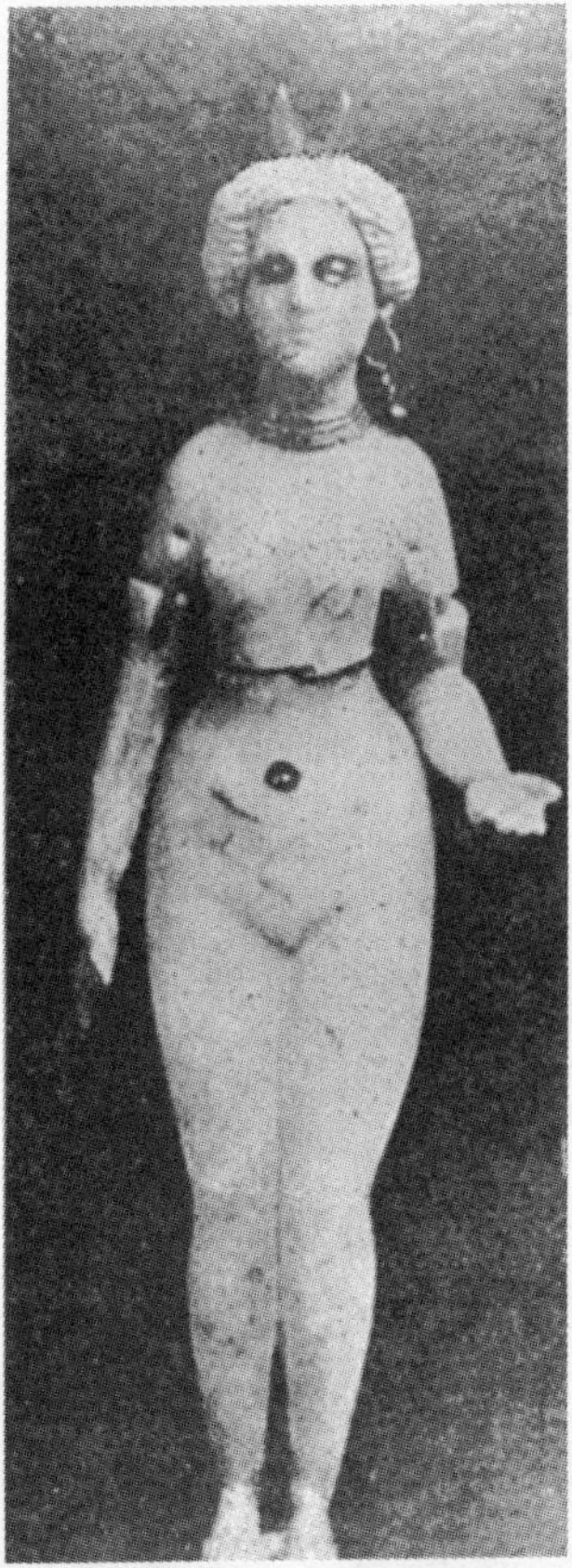
白大理石の人形。グレコ・オリエンタル美術、ルーヴル美術館

の活動する姿に対抗して、この機械は、ひとつの宇宙ともいうべき独立した精神世界を保持しようとする。矛盾にみちた無秩序な自然現象よりも、はるかに分別があり、法則があり、整然たる運動を展開するのが、すばらしい機械の世界であった。機械は驚異、魔術と同義語になった。

こうして、フランス十八世紀ロココ時代の天才的な機械学者ジャック・ド・ヴォーカンソンは、あたかも「賢者の石」により黄金を製しようとする錬金道士のように、機械という、ひとつの絶対精神の燃えたぎる坩堝《るつぼ》のなかから、全自然の構成物を造り出そうと試みたのである。機械によって、森羅万象を模倣しようと企てたのである。むろん、この彼の壮大な企図は、大方の錬金道士のそれと同じく、中途で挫折せざるを得ない性質のものであったけれども、有名なアヒルの玩具をはじめとして、多くの精巧な自動人形が彼の工房から誕生することになった。これが、玩具の歴史における「形而上学的状態」にあたる。

日本でも、平賀源内や久留米の「からくり儀右衛門」は、民衆の畏敬の的となりつつ、かなり複雑な機構による自動人形を造っていることを、ご存知の方もあろう。

ところで、現代のわたしたちは、人間の必要、人間生活の安楽のためにしか、もはやオートマティズムを利用しようとは考えない。機械崇拝の思想は、すでに崩壊し、オートマティズムもまた、コントのいわゆる実証的な段階に入ったといえる。大工場では、役に立つものだけが製造され、分別のある大人は、玩具などという無益な形而上学的なものには、すでに情熱を燃やさないようになってしまった。これが最後の「科学的状態」である。

＊

玩具は、現代では、完全に子供のものになってしまったらしい。そして玩具の形而上学もまた、失われてしまったように見える。

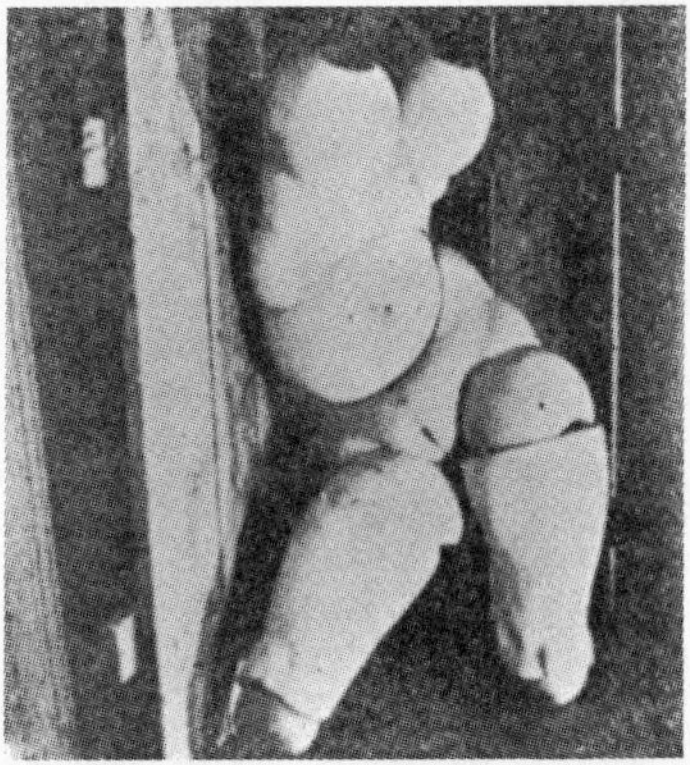

ハンス・ベルメエルの「関節人形」（上、下）

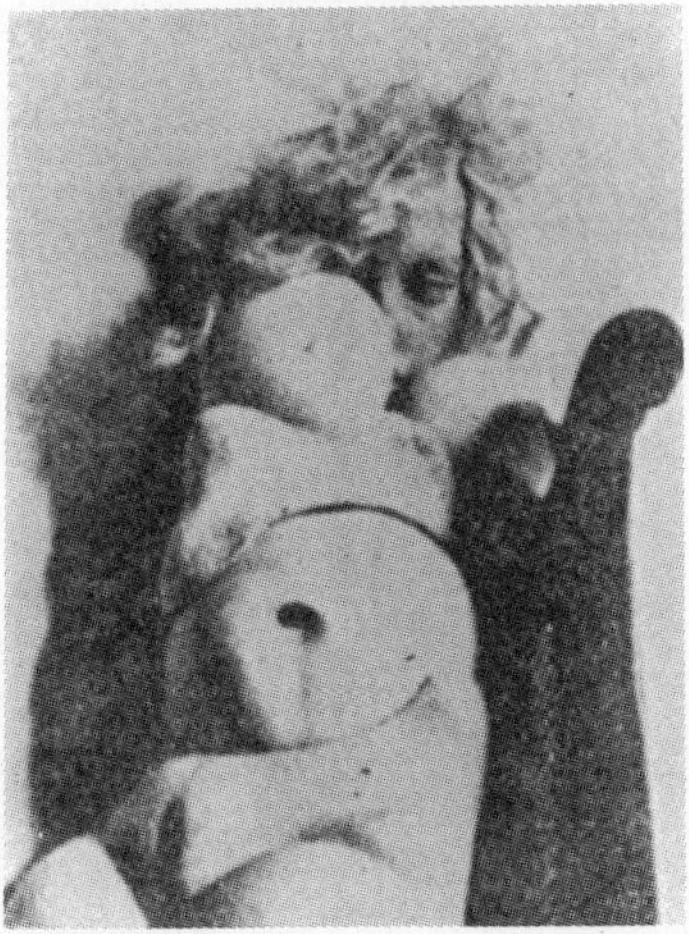

現在では、逆に玩具らしくない玩具、精巧な電気仕掛やリモート・コントロールの常識をあえて破るような種類の、いわば古き魔術の理想をとどめた玩具が、からくも、わたしたちの興味を惹き得るものといえるかもしれない。なぜなら、オートマティズムと電化の世界は、すでにわたしたちの日常的な現実だからである。

シュルレアリストのさまざまなオブジェや、カルダーのモビールや、ジャン・ティンゲリーの廃物利用の「動く彫刻」などが、ここで想い出されるだろう。たしかに、そこには機械そのものが成立せしめる、日常的な現実とは完全に独立した、自立的な精神世界があるようだ。さらにまた、古き魔術の理想すら、ほの見えるようだ。しかし、近代の反芸術はやはり芸術の範疇に属するものであって、これをただちに玩具のそれと同一視することは、少なくともわたしの感覚では大いにためらわれるのである。

むしろ、わたしは、昔のアニミズムを復活させた、ドイツの超現実主義者ハンス・ベルメエルのエロティックな「関節人形」に注目したい。これは芸術の正統から最も遠いものであり、玩具の無道徳、無倫理に最も近いものであるといえる。

エジプトの墳墓に副葬された、女のすがたを象った人形のなかには、足のないもの、あるいは足に鎖をはめたものがあったという。これは、人形をして墓から逃げ去らしめないための処置であろうと見られており、ここから、人形には霊があると信じられていたことが、学者によって説明されてもいる。霊のある人形は、恐怖の対象であり、神聖なオブジェであって、みだりにもてあそんでよいものではあり得なかった。ということは、それが同時にエロティックの対象でもあったということを示していよう。（ベルメエルの人形は、鎖のかわりに、靴下をはいていることがある。）

神聖や恐怖の感情がもはや有効性を失っている現代においては、人形の純血種を保証するものは、わたしには、エロティシズムのみではなかろうかとさえ思われる。そして玩具における古き魔術の理想は、これまた、ある種の人形にしか発見できないのではないかとさえ考えざるを得ない。

レオナルドを俟つまでもなく、玩具を愛好する人間のナルシシズムは、フロイトの精神分析学理論から、ただちに類推することも可能であろうが、象牙で造った女の像に恋をした、キュプロス王ピュグマリオンの伝説などを考え合わせれば、それがむしろオナニスト的気質の人間の嗜好に近いことも、容易に推察されるはずであろう。玩具愛好、つまり「物体愛」は、まぎれもない肛門期的小児性愛の徴候と見なすこともできよう。

＊

「あなたはもし、博物館の片隅なぞで、ふと古めかしい人形に出あって、そのあまりの生々しさに、なんとも知れぬ戦慄をば感じなすったことはないでしょうか。それがもし女児人形や稚児人形であった時には、それの持つ、この世のほかの夢のような魅力に、びっくりなすったことはないでしょうか。あなたはおみやげ人形といわれるものの、不思議な凄味を御存知でいらっしゃいましょうか。あるいはまた、往昔、衆道のさかんでございました時分、好き者《しゃ》たちが、なじみの色若衆の似顔人形を刻ませて、日夜愛撫したという、あの奇態な事実を御存知でいらっしゃいましょうか。」

これは江戸川乱歩の短篇『人でなしの恋』のなかの一節であるが、人形というものの不思議なエロティックな魅力について、みごとに語られている。

短篇『人でなしの恋』の粗筋は、ある旧家の美貌の憂鬱質の息子が、結婚しても細君に本当の愛情を感じることができず、夜ごと、ひとりで土蔵の二階に閉じこもって、身のたけ三尺あまりの美しい浮世人形を相手に、いわゆる「人でなしの恋」「この世のほかの恋」をささやくという、きわめて神経症的、病理学的な物語である。事情を知った細君がこっそり土蔵にしのび込んで、嫉妬に駆られるまま、人形を滅茶滅茶に叩きつぶしてしまうと、この男は、絶望のあまり、人形のあとを追って自殺してしまう。ピュグマリオン伝説の現代版というわけである。同じように、人形に恋して身をほろぼす若者の話は、ジョン・コリアの短篇（『特別配達』）にもある。

人形について書くべきことは多いが、もうひとつ、中国で、子供のかわりに人形を愛撫する習俗があることを御報告しておこう。

中国の名山として名高い泰山の玉女を祀った祠堂に、娘娘廟というものがある。いわゆる求児の祈願を叶えるといい、廟のなかの女神像の周囲に、大小の人形（二、三寸より時には一尺以上のもの）がある。土製のものもあれば、陶製のものもあり、子を求めるひとは、それらの人形のなかから希望のものを選び、赤い紐をつけて縁結びとし、もらい受けて、家へ連れて帰る。その後、首尾よく子供のできた時には、娘娘廟に新しい美しい人形を返すのである。連れて帰った人形は、天津地方では、実の子のごとく遇する。帽子、着物、靴をあたえ、毎日、お茶や食事を供え、家族の一員として生活させる。連れ帰った年をもって生まれた年と見立て、年々少しずつ大きな人形と取り替えてゆく。そのため、専門の人形屋で作り替えてもらう。

実際に子供が生まれると、その人形は兄となり、子供の誕生日には、兄として礼を受ける。子供が成長して結婚した場合は、新婦は人形に対して義兄としての礼をつくす。新婦に子供が生まれれば、人形は伯父さんと呼ばれる。

南満洲の一地方では、人形は寝室に置かれ、婦人がこれと同衾すれば、人形の気を受けて懐胎するという。

数年前、テレビで、さる京都の子供のない老夫妻が、等身大の人形を実のわが子のように、まるで生きているかのように、汽車にのせて旅行に連れて行ったり、話しかけたり、食事をあたえたりして、愛し育てているということが報ぜられていたが、妙に印象に残るエピソードである。

画家オスカール・ココシュカの人形のエピソード（本書「オナンの末裔たち」参照）や、近松門左衛門の『虚実皮膜論』中の人形のエピソード（拙著『夢の宇宙誌』「玩具について」参照）も、併せて、ここに想い出すべきであろう。

玩具とは、本質的に子供の領分に属するものである。玩具や人形を愛する大人もまた、多かれ少なかれ、その幼児型性格を覆い切れないものである。子供の世界の汎性欲主義は、そのまま玩具や人形の世界の汎性欲主義に通じる。

ホフマンやリラダン、ポオやボオドレエル、ジュール・ヴェルヌやチャペック、ジョルジュ・メリエスやアルフレッド・ヒチコック、谷崎潤一郎や江戸川乱歩、稲垣足穂や安部公房、――これらの玩具好きの作家の精神分析は、興味ある課題といわねばなるまい。

マンドラゴラについて

中世のあいだ大いに珍重された、ヨーロッパの有名な媚薬にマンドラゴラという植物がある。この植物にまつわる多くの奇怪な伝説を、以下にお話ししよう。

まず、ジャンヌ・ダルクの物語からはじめたい。聖霊のお告げによって、故郷ロレーヌの村を去り、フランス皇太子シャルル七世に拝謁し、六千の軍隊を授けられてオルレアンの囲みを破り、祖国をイギリス軍から解放した愛国少女ジャンヌ・ダルクの名前は、むろん、読者もよくご存知であろうが、のちに彼女が女妖術使として捕えられ、宗教裁判により異端の宣告を受け、やがて火刑に処せられた時の、裁判所側の告発状によると、このオルレアンの少女は、つねにマンドラゴラを身につけていたというのである。

パリ大学の神学者たちが起草した、ジャンヌに対する手きびしい告発状には、次のように書かれた箇所がある。すなわち、「前記のジャンヌは、しばしば乳房のあいだにマンドラゴラを隠し、もって世俗的な富を手に入れんと希求せり。彼女はこのマンドラゴラなる植物に、かかる効能あることを断言して憚らざりき」(ピエール・シャンピオン『ジャンヌ・ダルク訴訟記録』より)と。

つまり、彼女を告発した神学者たちの意見によると、ジャンヌが予言の能力をもっていたのも、大ぜいの兵士たちを惹きつける統率の才にめぐまれていたのも、また、戦場で奇蹟的な勝利をかち得ることができたのも、すべて、マンドラゴラの魔法の力による結果だというのである。ジャンヌが故郷の村で聞いた「聖霊の声」というのも、彼らの意見によれば、マンドラゴラの発する人間の声でしかなかった。要するに、ジャンヌはマンドラゴラの魔力を用いて善良な民衆をまどわし、イギリス軍を苦しめた憎むべき女妖術使にほかならない、という結論である。

これによってもお分りの通り、ふしぎな効能をもつ植物マンドラゴラは、中世において、妖術信仰の歴史と密接に結びついていた。それは一種の万能薬で、これを手に入れた者は、神秘な魔法の力を賦与される、というのであった。

こんなエピソードがある。名高いオランダの鬼神論者マルティン・デルリオが、一五七

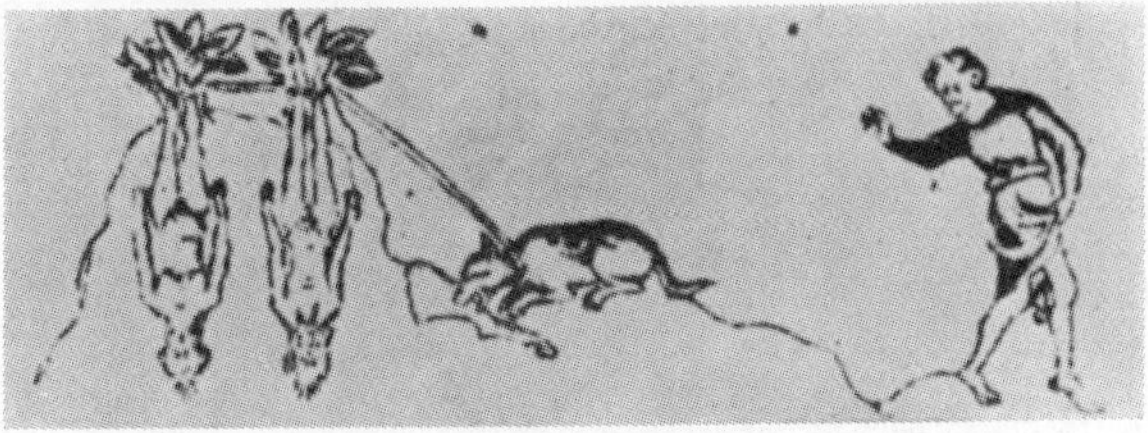

マンドラゴラを抜く法。「女王マリイの詩篇」（14世紀）より

八年、税務署に差押えられた、ある素姓のあやしい学者の蔵書をしらべていると、書物や綴じ込みのあいだから、人間の形をした小さなマンドラゴラの根がひょっこり出てきた。「さては、この学者は妖術使だったのか！」というわけで、まわりの者は色めき立った。しかるにデルリオは、すぐさまマンドラゴラの身体を二つにぽきんと折り、その腕をねじ曲げ、その脚を引き裂くと、これを火の中へほうりこもうとした。その場に居合わせた彼の弟子たちは、いずれも聖職者志望の若い神学生だったけれども、師匠の大胆さに恐れをなし、「そんなことをして、先生、もしもおそろしい禍いがやってきたら、どうなさいます」と口々に言い立てた。

ところが、デルリオは平然たるもので、「お前たち、こわければ、この部屋を出て行くがよいぞ」と笑って言うなり、その人間の形をした奇妙な木の根っこを、無造作に煖炉の火の中へほうりこんでしまったのである。そして、「わたしには、木の根の燃える焦げくさい臭い以外には、なにも感じられないね」

とうそぶいたという。

これは十六世紀の話であるが、この時代になっても、まだマンドラゴラの不吉な評判は、無知なひとびとの恐怖心を煽り立てていたものと見える。

＊

ナス科に属する有毒植物マンドラゴラは、ベラドンナに似ているが、その根が人間の脚のように二股に分かれ、多肉質で、表面に軟毛が生え、なんとなく人間の形状を思わせるグロテスクなところがあったので、昔から、いろんな神秘な伝説と結びつけられたのであろう。ペルシアからギリシア、さらに地中海沿岸諸国へと伝わったものらしく、古代人は、これを催眠麻酔飲料として用いたらしい。

また、その根の二股に分かれた部分に、しばしば男根のような突起物があったり、女陰のような裂け目があったりしたところから、この植物の形体にエロティックな寓意をこめ、これを媚薬ないし強精催淫剤として好んで利用する向きもあったようだ。ヒポクラテス、プリニウスなどの本に、そのような使用例がたくさん出ている。

さらに、不妊の女にこれを飲ませると子供ができるという説も古くからある。旧約聖書の「創世記」に、美人で石女《うまずめ》のラケルが、その姉レアの子供の多いのをうらやみ、マンドラゴラを用いて首尾よく妊娠するという話が出ている。すなわち、レアの子ルベンが、麦刈の日に野原で恋茄《こいなす》（マンドラゴラ）を見つけ、採って帰って母に与える。するとラケルがレアに、あなたの息子のマンドラゴラをぜひ欲しいという。レアが「夫を奪った上に、また息子のものをも奪う気か」となじると、ラケルは「そのかわり今夜は夫を貸そう」という。やがてラケルは、ふしぎな恋茄の効能によって、ヨセフという男の子を産み、「ああ、神様がわたしの恥辱《はじ》をそそいでくださった」と天に感謝する。

ウプサラ大学の植物学者オラウス・セルシウスの『神聖植物誌《ヒエロボタニコン》』（一七四五年）によると、その後、ラケルの墓のまわりには、おびただしいマンドラゴラの群が繁殖したという。また、野原でこの植物を見つけたルベンの一族は、それ以来、先祖の偉業を紀念するために、マンドラゴラをあらわす象徴的な人間の形を、その一族の旗に縫い取りするようになったという。

ボロニアでは、このラケルの方法が昔から知られていて、多くの婦人たちがひそかにマンドラゴラを愛用していたらしい。ロオランス・カトラン（十七世紀初めのひと）の意見によると、「マンドラゴラの根は、男の精液より以外のものではない」そうだ。だから不能者や腎虚した男がこれを服用すれば、めざましい効果があるともいう。

中世の動物誌として名高いブルネット・ラティーニの『百科宝典』（一二六五年ごろ）

には、このマンドラゴラを食う象の話が出ている。おもしろいから、次に紹介しよう。
──象という動物は、きわめて考えぶかく賢い獣であって、あまりに一つの物事に思念を凝らしすぎる結果、往々にして、子供を産む意欲を失ってしまう。そうした場合、象は牝を伴なって、東洋の神秘な森へ行く。そこは地上の楽園であって、マンドラゴラと呼ばれる草が生えている。牝はこれを見つけると、自分も食い、牡にも食わせる。そうすると、やがて二匹はむらむらと意欲が湧いてきて、交尾するのである。

　交尾後、牝は乳房まで河のなかに浸って、一匹の子供を水中に産み落す。これは、象の子を食ってやろうと待ちかまえている、兇暴なドラゴンの襲撃を避けるためだ。象が子供を産むのは、一生に一度だけであって、彼らは四百年も長生きする。──こんな奇想天外な寓話のような話が、中世の動物誌には、いっぱい出ているのである。

　前にも述べたように、マンドラゴラは一種の万能薬で、炎症や充血を除去するための罨《あん》法《ぽう》にも用いられれば、膿瘍、瘰癧《るいれき》、疔《ちょう》などのような腫れものにも効き目をあらわす。蛇に咬まれた傷や、打撲傷にも有効で、また酢のなかに漬けて塗布すれば、丹毒にも効く。さらに衰弱症にも、斜頸（先天的に頸が一方に傾く病気）にも効くという。このようなすぐれた医学的効能について仔細に述べているのは、学識高い十二世紀のビンゲンの尼僧ヒルデガルトである。

肉体の病気のみならず、魂の病気にも効き目をあらわしたというから、まるで夢のような話である。憂鬱症とか、神経性の吐き気に効く。十六世紀ナポリの博物学者バティスタ・デラ・ポルタの『植物畧針《フィトグノモニカ》』（一五八八年）によれば、とくに「秋の霧ふかい暗鬱な日に抜き取った」マンドラゴラの根の汁は、吐剤として利用される。

阿片のような麻薬として、刻んだマンドラゴラの葉をパイプにつめ、これを吸飲する者もあったという。十六世紀の学者ピエリウス・ヴァレリアンが『象形文字註解』のなかで述べているように、マンドラゴラの「蒸気の力は、毒と催眠剤との中間にあった」らしく、多量に吸えば中毒して、ついには死を招くことになるが、適度に用いれば、あらゆる苦痛の感覚を忘れた陶酔の人工楽園に遊ぶことができた。

ある少女がマンドラゴラの実を五つ続けて食べたら、顔を真赤にして、気絶して倒れてしまったという話がある。大量の水を彼女の頭にぶっかけてやったら、ようやく意識をとりもどして、立ちあがったという。この話は、十五世紀末の博物誌の書物として最も有名な『ホルトゥス・サニタティス』のなかに出てくる一挿話である。とにかく、うかつに食べすぎると生命の危険を招く、強烈な作用を有する植物だったことは間違いあるまい。

なお、西洋のマンドラゴラに対する信仰ときわめて近いものに、東洋の人蔘《にんじん》あるいは射《や》干《かん》（あやめ科の植物。ヒオオギともいう）に対する信仰があるのをご存知の方もあろう。

これもまた、その根が人間の形をしていて、人間のように男女の性別があり、言語を発すると考えられていた。中国晋代の葛洪《かっこう》（三世紀末から四世紀半ば頃までの道家）の著『抱朴子《ほうぼくし》』は、神仙の法を説いた、有名な書物であるが、そのなかにも「人蔘千歳化して小児となる」などという文句がある。また明の李時珍《りじちん》の著『本草綱目』（一五九〇年刊）にも、「人蔘ある処の上には紫の気あり、揺光星散って人蔘となる。実に神草なり。根に手足両目ありて、人の如くなるを以て神となす」という記述がある。

人間の形をした植物が、東洋と西洋とにおいて、全く同じような信仰を生じたことは興味ある現象というべきだろう。

＊

マンドラゴラのふしぎな魔力に関する伝説は、何よりもまず、それが地中から産する生きた物質であるという事実から、説明されるだろう。聖書によれば、植物が生まれたのも、動物が生まれたのも、最初の人類アダムが生まれたのも、すべて土地からであった。成長するもの一切は、大地から誕生すると考えられていた。したがって、地中から出てきた人間のような形をした植物には、なにか神秘な力があるにちがいない、と考えられたのである。

古代の伝説のなかには、農夫が畑を耕やしていると、畑の土のあいだから小さな人間が出てきた、などという話が無数にある。天から降ってきた雨は、土地に生命の発動力を与えるのだ。こうして天と地との結婚から、生命のある物質が誕生すると考えられた。

たとえば、シチリアのディオドロスが次のように書いているのを見られるがよい。「エジプトのテバイードで、ナイル河の氾濫の後、河の残して行った泥土が太陽の熱に温められると、多くの土地の亀裂から、おびただしい数のネズミが生じた。世界の始まりの時、すべての動物が生み出されたのも、こんな風にしてだったにちがいない」と。

このネズミは（同じくディオドロスの記述によると）動物というよりは植物のような段階にあったらしく、「頭から前肢までの部分は、生きて動いていたけれども、後肢から尾にかけての部分は、まだ形をなさず、ほとんど動いてもいなかった」そうである。

キケロの『占卜について』に出ている話は、ネズミではなくて人間である。すなわち、エトルリアの田舎で、ある農夫が畑をふかく掘り返していると、畑の畝溝《うねみぞ》のあいだに、なにやら奇態な土くれが動いているのを発見した。びっくりして、よくよく見ると、それは土くれの形を脱ぎ棄て、やがて徐々に小さな人間の形に変って行った、というのである。こうして生まれた小さな子供を、土地のひとびとは「ターゲス」と呼びならわし、ユピテルの子と見なした。

ターゲスは、外観は子供のようだけれども、知能はまさに老人並みで、おそろしく豊富な知識や学問を有し、エトルリア人に占卜の法や占星術を教えた、と信じられている。つまり、これは人間の種族ではなくて、土地から直接に産み出された、一種の神の子、妖精だったのである。

ギリシア神話にも、「土地の子《アウトクトーン》」と呼ばれる神エリクトニオスの物語がある。鍛冶の神ヴルカヌスが、女神ミネルヴァを捉えて犯そうとしたとき、女神が武器を手にして身を守ったため、その精液が地に洩れて、そこから醜いエリクトニオスが生まれた。この子供は、生まれた時から下半身が蛇の尾の形をしていたという。

ギリシア神話には、さらにユピテルが熟睡のあいだに精液を地上に洩らし、そこから奇怪な半陰陽《ふたなり》の神アグディスティスが生まれた、などという説話もある。しかし、それよりもっと面白いのは、ルイ十四世に仕えたフランスの東洋学者として名高いエルブロ・ド・モランヴィルが書き残している、中世ユダヤのカバラ学者たちの信仰であろう。

カバラ学者たちの聖書解釈によると、神はアダムをエデンの楽園から追い出した後、もうイヴとは絶対に会えないようにしたのである。そこで、孤独のさびしさに堪えかねたアダムは、ある晩、夢のなかで、忘れられないイヴの肉体を抱きしめた。洩れたアダムの精液は、地に落ち、やがてそこから人間の形をした植物が生えてきた。(『東洋全書』一七

七七年）

似たようなテーマの話は、ペルシアの神話にもある。すなわち、神によって創られた最初の人間であるガヨマルドは、悪神のために無残に殺される。しかし死ぬ時に、腰から一滴の精液をしたたらせ、それが地中に四十年間とどまり、やがてそこから「リヴァース」という植物を萌え出させる。この植物は、成長すると男女二体の人間になり、それぞれ「マシアグ」および「マシアナグ」と呼ばれる。

このように見てくると、人間の形をした植物マンドラゴラも、要するに、多くの古代神話に共通した「土地の子《アウトクトーン》」の後代における一変種ではなかろうか、と思われてくる。今まで述べてきたように、このマンドラゴラの親類のようなエトルリアのターゲス、ギリシア神話のエリクトニオス、アグディスティス、またペルシア神話の植物リヴァースなどは、いずれも、男神の洩らした精液が地上をうるおし、それによって生じたところの、土地の子供だったのである。

では、いったい、マンドラゴラは、だれの精液から生じた子供であろうか。その母親は大地にほかならないとしても、その父親というべきひとは、はたして、だれであろうか。

中世・ルネサンス以後、悪魔学や錬金術やカバラ哲学などといった、あらゆる異端の学問に思いをひそめてきた邪道の学者たちは、しかし、当然の論理的帰結として、ここにキリストを登場させたのである。

キリストは、悪魔によって「生命の樹」に釘づけにされた、新しき地上のアダムではなかろうか。昔のカバラ学者たちが主張したように、楽園を追われたアダムが夢のなかで洩らした精液から、マンドラゴラに似た植物が生え出たのだとすれば、カルヴァリオの丘で十字架にかけられた、この新しき地上のアダム（キリスト）の断末魔の痙攣による射精からも、やはり同じような植物が誕生すべきではなかろうか。そして、それこそ神秘な医学的効能をもつマンドラゴラではなかろうか。――

このように、同じことが何度も繰り返して歴史のなかに現われるという考えを、現代ルーマニアのすぐれた神話学者ミルチャ・エリアーデ氏は「祖型と反復」という理論によって説明している。昔のアダムは祖型であり、この祖型はキリストという新しいアダムにおいて、模倣反復されるわけである。祖型とは、ユンクのいわゆる集合的無意識、いわば人類の記憶の底にひそんでいる沈澱物のようなものであって、ふとした機会にも、意識の表面におどり出す。すなわち、反復されるのである。

むろん、以上に述べたごときキリスト受難劇の解釈は、きわめて瀆神的であり、異端的でもある。そのことをよく承知していたから、マンドラゴラの理論をつくり出した中世・ルネサンスの学者たちは、用心ぶかく、あえて聖書に出てくるキリストのイメージをここに使わなかった。そして古代神話によく出てくる典型的な神々、ペルシア神話のガヨマルドや、カバラ哲学のアダムのような不幸な運命の神々のイメージと、キリストとを同一視して、いわば聖書の記述のパロディ（もじり）のごとき物語、かなり通俗的な、マンドラゴラ誕生の物語をでっちあげたのである。

それによると、マリアの息子（つまりキリスト）は、ただの淳朴な若者、無邪気なひとりの童貞にすぎない。ただし、この若者の一家は泥棒の血統で、彼の母親のマリアは、かつて息子をお腹に宿していたころ、窃盗の罪を犯したことがある。若者自身には、むろん罪はないのであるが、やがてこの一家の忌まわしい評判が立ちはじめ、ついに彼は民衆に告発されて、裁きの庭に立たされる。そして、あらゆる種類のおそろしい拷問を受けたあげく、とうとう最後に、自分が犯したわけでもない罪の告白をしてしまうのだ。こうして彼は絞首刑に処せられる。ところが、最期の息を引きとった瞬間、彼は地上に精液（あるいは尿）を洩らす。この液体がぽたぽた土中に滲みこんで、やがてマンドラゴラが生まれた、というのである。――この話は、ヤーコブ・グリムの『ドイツの伝説』（一八六五年）にも収録されている。

中世・ルネサンスの神秘哲学者たちが考え出した、マンドラゴラ神話におけるキリストのイメージは、聖書におけるキリストのそれとは大いに違っているけれども、若くて、童貞で、純潔無垢であるという点では、同じである。また、呪われた一族の罪をみずから引き受けるという点でも、磔刑に処せられて死ぬという点でも、同じである。違う点は、自分が犯してもいない罪を告白するというところであろう。これによって、キリストは救世主というよりも、単なる不幸な人類の祖先、新しいアダムというイメージにより近くなるのである。

しかし、キリストの神聖がマンドラゴラ神話によって、必ずしも損われたというわけではない。磔刑にされた若者がこぼす液体は、ここでは、秘蹟の物質となるのである。「人は水と霊とによりて生まれずば、神の国に入ること能わず」とヨハネ伝福音書にあるけれども、この水とは、キリストの尿にほかならない、と異端の学者たちは主張するのである。罪なくして刑罰を受けた若者の尿は、洗礼の水であり、聖油なのであって、新しい生命を産み出す力がある、とされたのである。

中世の錬金道士たちが、小児の尿をフラスコに集め、これに栄養分や香料を与え、一定の温度に保つことによって、生きた人間の子供（ホムンクルス）を人工的に製造しようと企てたのも、同じ理論に根拠をおいた実験であった。まだいかなる罪をも犯していない清浄無垢な人間の象徴である幼児には、その膀胱から排出された水を適当な土壌（実験室的にいえばフラスコ）に注ぎさえすれば、ホムンクルスを産み出すべき力がある、と信じられたのである。パラケルススの『物性について』という著書のなかでは、小児の尿ではなく、男子の精液を蒸溜器のなかに密封して、ホムンクルスを製造する方法が述べられているが、いずれにせよ、この場合、マンドラゴラとホムンクルスとは、ほぼ同じものと見なされていたらしい。（ホムンクルスについては、拙著『夢の宇宙誌』を参照されたい。）

＊

マンドラゴラは、無実の罪によって処刑された、あわれな犠牲者の洩らす断末魔の射精から生ずると一般に信じられていたので、よく死刑場の絞首台の下などに生えている、と考えられた。したがって、マンドラゴラを手に入れる機会に多く恵まれているのは、死刑場に出入りする死刑執行人や隠坊《おんぼう》で、彼らはこれを莫大な金額で、ひそかに顧客に売りつけていたという。一五七五年当時、その値段は六十四ターレル（ドイツの古銀貨）であったという。

死刑場以外にも、もちろん、マンドラゴラの生えている場所はあった。ガリア地方で古くから信じられていた伝説によれば、それは槲《かし》の樹の根のあいだに生じた。槲の樹は、申すまでもなくケルト人の崇拝していた樹木である。

ジャンヌ・ダルクの訴訟記録によると、ジャンヌが所有していたマンドラゴラは、彼女の生まれた村ドムレミイの「妖精の樹から遠からぬ場所」に生えていたそうである。妖精の樹とはどんな樹であるか、つまびらかにしないけれども、その樹の下には、しばしば村の病人たちが歩きまわっていたという。たぶん、治療上の効果を期待してのことであろう。そしてマンドラゴラの花は、「一本の榛《はしばみ》の樹のかげに咲いていた」という。

しかし、マンドラゴラの根を抜き取るには、非常な努力と細心の注意を要し、うかつに手を出せば、生命の危険さえあるといわれていた。一定の順序にしたがい、一定の手続を踏んで行わなければならなかった。

マンドラゴラは非常に敏感なので、邪淫の罪に汚れた人間が近づいてくると、たちまち逃げてしまうのである。モグラのように土中に横穴を穿って、場所を変えてしまうのである。だから、マンドラゴラを手に入れようとする者は、まず、あらかじめ長期間の禁欲生活をして、いたずらにマンドラゴラを興奮させないようにしなければならない。斎戒沐浴して、二月二日の聖母マリアのお潔めの祝日には、蠟燭を捧げ、短かいお祈りを唱えなければならない。そうして浄らかな身になって初めて、マンドラゴラのそばに近づくことができるのである。

日や時間の選択も、重大な問題であった。しかし多くの魔法書をしらべてみると、その指示は必ずしも一定していない。ある本によれば、マンドラゴラを摘むには安息日の土曜日がよく、べつの本によれば、愛神ウェヌスの日である金曜日が適当だと書いてある。暗い真夜中がよいと書いてある本もあれば、明け方がよいと主張する本もある。九月の初旬が最もよく、他の季節は駄目だという説もあれば、十二月のクリスマスの晩が最適であるという説もある。

こうして首尾よくマンドラゴラを発見し、これに近づくことができたとしても、いきなり手で触れたりしては危険千万である。前にも説明したように、この植物には強烈な魔力があるからである。まず、その魔力を弱めるために、植物のまわりに、剣で三重の魔法の輪を描き、植物の樹皮に、三つの十字架のしるしを彫りつけなければならない。あるいはまた、植物の魔力を弱めるために、そのまわりに女の月経の血や小水を撒布しておくのも、効果的な方法である。そうすると、マンドラゴラは動けなくなってしまうのだ。

しかし、だからといってマンドラゴラの魔力がすっかり消えてしまっては、せっかく苦心して摘んでも、何の役にも立たなくなってしまう。ある程度の魔力は残しておかなければ意味がない。そこで、いま述べたような予備的な配慮を抜かりなく済ませたら、次には、逆にマンドラゴラを刺激するような場面を展開する。すなわち、そのまわりで輪になって踊りを踊ったり、みだらな冗談を言ったりするのだ。むろん、踊り手が若い処女であれば、それだけ効果はあがる。

「ルーマニアのトゥルダ地方では、真夜中に、若い娘や女が二人ずつ組になり、髪ふり乱し、裸になって抱き合いながら、マンドラゴラを摘みに行く。植物の生えている場所へくると、二人は折り重なって寝るのである」とエリアーデが書いている。(『ルーマニアにおけるマンドラゴラ崇拝』一九三八年) これもまた、マンドラゴラを刺激するための一手段であることは申すまでもない。

さて、いよいよマンドラゴラの根を抜くには、人間が直接これに手を下しては危険だから、一匹の犬を利用する。犬は真黒な種類がよろしい。地下の暗い世界に親しんでいるマンドラゴラは、黒いものを好むからである。まず、マンドラゴラの生えている近くの地面に、鍬を用いて深い穴を掘る。そして穴のなかに、ネズミやコウモリの肉をとろ火でぐつぐつ煮た汁に、自分の血を混ぜたものを注ぎこむ。それから犬を穴のなかに突き落す。よく仕込まれた犬は、肉の臭いに刺激されて、教えられた通り、爪で地面を掻きはじめるのである。こうして、やがてマンドラゴラの根が掘り出される。

すっかり根が掘り出されると、犬はきりきり舞いをして死んでしまう。根が引き抜かれる際、マンドラゴラの発する赤ん坊の泣き声のような不快な音に、あわれな獣はとても堪えられないのである。一般に、この植物の発する声は、じつに不愉快な、鋭い軋るような音で、人間でさえ、うっかりこれを耳にすれば、とても我慢できたものではなく、しばしば発狂してしまう場合があるという。だから用心ぶかい者は、あらかじめ耳に綿や蠟で栓をしておく。

犬を用いるやり方には、さらに次のような方法もある。すなわち、長い革紐の一端をマンドラゴラの根もとに結び、他の一端を犬の首輪に結びつける。そうして、大急ぎで逃げ出すのである。よく馴れた犬なら、主人のあとを追ってくる。もし追ってこなければ、焼き肉で誘って犬を走らせる。それでも駄目なら、棒で犬の横腹をたたいてやる。いずれにせよ、こうして犬が走り出せば、マンドラゴラの根は引き抜かれるはずである。

あわれな犬は、たちどころに悶死するが、その屍体をほったらかしておいて、禿鷹や肉食獣の餌食にしてしまったりしてはいけない。人間のかわりに犠牲になったのだから、儀式にのっとって、手厚く葬ってやるべきである。また、マンドラゴラを抜いたあとの穴には、パンと、塩と、一枚の貨幣をおさめて、きちんと土をかぶせておかなければいけない。これは大地の神に対する奉納物である。

しかし、こうして苦心惨憺して手に入れたマンドラゴラの根を、よくよく見ると、へんな不恰好な形をしていて、失望してしまうこともあるようである。ちゃんとした人間の形ではなくて、月足らずの動物の胎児のようであったり、魚のようであったり、蛙のようであったりする。そうかと思うと、男女のいずれの性器をも備えていて、まるでヘルマフロディトスのような奇怪なのもある。完全な人間の形をしているものは、たいへん珍しいのである。

*

生きた植物マンドラゴラは、最初の人間アダムと同じように、純粋な神の創造物であり、純粋であればあるだけ、悪の力に屈服しやすいのである。アダムの子の敵である悪魔は、このマンドラゴラを奪おうとつねに機会をねらっている。だから、それを防ぐために、地面から抜いたらすぐ泉の水に漬けて、よく洗い清めておくことが必要である。また、牛乳や赤葡萄酒に浸して、生気を保たせておくことが望ましい。

十七世紀の終りごろ、ウィーンの帝室図書館のコレクションに、貴重な二体のマンドラゴラが納められた。それらは、魔術や神秘の大好きなハプスブルグ家の皇帝ルドルフ二世の蒐集品の一部であった。図書館の管理人は、規則的にマンドラゴラを水に漬けてやっていた。ところが、あるとき、管理人が怠けて水に漬けてやらないでいると、二体のマンドラゴラは、まるで赤んぼうのように泣きはじめ、狐の仔のように金切り声をあげはじめたのである。おどろいた管理人が、またいつものように漬けてやると、泣き声はぴったりおさまったそうである。——この話は、十九世紀のドイツの『民俗学雑誌』（ベルリン、一八九一年）に出ている。

さらにマンドラゴラを保存するためには、これに着物を着せ、外気の寒さを防いでやることが必要である。よく洗ってから、やわらかいシャツを着せ、その上に赤あるいは白の絹の布地をまとわせる。紅白二色に染め分けた着物を着せてやってもよい。白は純潔、永遠、光を意味するロオマ法王の色であり、赤は犠牲の血、聖霊をあらわす枢機卿の色である。したがって、紅白の着物にくるまれたマンドラゴラは、悪魔の誘惑の力によく対抗することが可能となるのだ。

保存しておく容器についても、いくつかの大事な注意がある。内部に上等な布地を張った、立派な戸棚のなかに安置しておかねばならない。さもなければ、柩の形をした小箱のなかにしまっておく。小箱の蓋の内側には、黒い十字架を描き、蓋の表面には、わざと古めかしいスタイルで絞首台の絵を描く。絞首台には罪人がぶらさがっていて、その下の地面には、マンドラゴラに似た人間＝植物が生えている。そんな図を描いておくのである。

小箱のなかには蒲団を敷き、枕を置いて、その上にマンドラゴラをそっと寝かせておく。マンドラゴラの手には、やどり木の小さな束を持たせておく。毎日、一定の時間に、食事を供することも忘れてはならない。こんな風に、まるで生きている人間と同じように鄭重に扱わなければならないのである。

＊

ふしぎな生きた植物マンドラゴラについて述べたついでに、世界各地に伝わる同じような人間＝植物、あるいは動物＝植物に関する伝説の例を、さらにいくつか拾ってみよう。まず、ヨーロッパ中世の詩人や学者がアラビア、ペルシア、ユダヤなどの文献から得た知識をもとにして編んだ、東洋の珍奇な風物について述べた書物のなかに、おもしろい例がたくさん見つかる。なかでも有名なのは、「ワクワク」島の伝説であろう。

船で遠くシナ海を渡ってゆくと、ワクワク島という小さな島があり、その島に、イチジクの樹に似て、こんもりと葉の繁った、ふしぎな植物が生えている。三月の初めになると、椰子の実によく似た果実を生じ、その果実から、若い娘の足が生えてくる。やがて美しい腿、ふっくらした膝、小さな尻を次々に生じ、四月の終りごろには、女の子の肉体は完全に出揃い、五月には頭を生じ、髪の毛で枝からぶら下がるようになる。まことに可愛らしい娘である。しかし六月の初めになると、果実は落ちはじめ、中旬には、すっかり枝から落ちてしまう。そして落ちるとき、果実は「ワクワク」という叫び声をあげ、黒くなって、しなびて死ぬのである。落ちた果実は早く埋めてしまわないと、悪臭を発して、そばへ近寄りがたくなる。

　この童話的幻想にみちた伝説は、ヨーロッパでは、十世紀ごろに書かれた『インドの神秘の書』という書物に最初に出てくる。似たような種類の記述はたくさんあって、十二世紀に書かれたアルメリアの地理学者某の書物にも、ほとんど同じことが語られている。娘たちが「ワクワク」と叫ぶところまで、すっかり同じである。

　しかし、ワクワク伝説に関する最も古い記述は、紀元七五一年、高仙芝《こうせんし》の率いる唐の軍隊がタラス河畔の戦いで大食《タージ》（アラビア）軍に敗れたとき、捕えられてアラビアに抑留された一人のシナ人が、故国に帰ってから筆をとったと伝えられる中国側の記録であろう。その記録によると、アラビアの王の宮廷に、人間の生えていた奇怪な植物の枝は、当時もなお保存してあったという。

　これは架空の小説だけれども、例のシナの四大奇書の一つである『西遊記』にも、人蔘果《にんじんか》という赤んぼうのなる樹があって、葉ごもりのあいだから、小さな頭をゆさゆさ揺すっている赤んぼうの描写があったと記憶する。孫悟空と猪八戒が、師匠の目をぬすんで、この果実を食べたところ、すこぶる美味であったという。

　アラビア側の文献にも、かなり古い時代のものがある。アッバス朝の文人として名高いアル・ジャーヒズの『キタブ・アル・ハイヤワン』（「動物の書」の意。八五九年）に、やはり人間＝植物伝説のよく似たヴァリアントが見つかる。

十三世紀になると、この伝説は、アラビアの地理学者アル・カズウィーニーの『宇宙誌』によって大いに弘められた。また、多くのペルシア詩人によっても採りあげられ、いわゆるアレクサンドロス大王（ペルシアではイスカンダルと称する）の物語と結びつけられた。名高いペルシアの国民叙事詩人フィルダウシイの『シャーナーメ』（「列王の書」の意。一〇一〇年）や、ニザーミーの『イスカンダルの書』（一一九一年）などに、その例を見ることができる。ヨーロッパでも、すでに十二世紀末のフランス人アレクサンドル・ド・ベルネエの叙事詩『アレクサンドロス大王物語』に、マケドニアの英雄の物語と結びついた、一種のワクワク伝説のエピソードがある。次に、その概要を紹介しよう。

アレクサンドロス大王の兵士たちが、インドに近い土地で、とある魔法の森に入ってゆくと、どの樹の下にも、うら若い処女が一人ずつ立っているのを発見する。美しい姿態、小さな胸、明るく澄んだ眼、みずみずしい肌の処女たちである。彼女たちは、この魔法の森の奥で、春がくるたびに、豊かな液汁に潤された大地から萌え出るのである。ここでは、つねに気温が一定していて、寒さも暑気も知らず、雪や雹も決して降らない。一種の仙境で、目に見えない魔法の垣根が張りめぐらされ、卑しい人間や獣は絶対に近づくことができないのだ。ただ、若々しい勇敢な兵士のみ近づくことを得る。実のところ、この娘たちは、いずれも大そう慎しみぶかく、葉の繁った季節になって、初めて若者たちを迎えようという気を起すのである。

処女たちは、べつに恥ずかしがりもせず、みんなの見ている前で、一人ずつ自分の相手を選ぶ。彼女たちを自由にしようと思えば、造作もない。むしろ彼女たちの方から男を誘うような塩梅でさえある。しかし、人間と植物との交情には、必ず悲劇的な結末が待っているという。

アダムとイヴとワクワクの樹。「ホルトゥス・デリキアルム」（12世紀末）より

魔法の森で、かの純潔の誉れ高きアレクサンドロス大王もまた、ひとりの処女に夢中になってしまった。雪のような純白の肌の処女であった。大王は、彼女を連れて帰ろうと思い、彼女の頭を王冠で飾り、抱きあげて馬の鞍にのせようとした。すると処女が悲しげな、おびえた声で、次のように訴えたのである。

「やさしい大王さま、あたしを殺さないでくださいまし。一歩でも森の外に出れば、あたしはすぐ死んでしまうのです。それがあたしの運命なのです」と。

彼女たちは、生まれ故郷の大地にしっかり結びついていて、無理にそこから引き離せば、ただちに死ぬ運命だったのである。のみならず、寒い冬が近づけば地中にもぐり、地面の下で姿を変え、ふたたび夏がめぐってくると、今度は白い花の形になって、地上に顔を出す。そういう運命の植物だったのである。アレクサンドロス大王とその家来たちは、ひどく落胆して、魔法の森を立ち去ったという。

以上はすべてワクワク（人間＝植物）の伝説の系統であるが、これとならんで、動物＝植物の伝説も、東洋に対する関心の高まってきた十三世紀ごろから、いろんな書物にあらわれはじめる。

インドのある庭園では、柘榴《ざくろ》の樹に色さまざまな鳥の花が咲く、といわれていた。また、枝が落ちて動き出し、蛇のように匍いまわると信じられた樹もあった。野菜のように、動物が地面に植わっているという伝説もあった。シナから伝わった韃靼《だったん》の伝説によれば、地面に牝羊の臍《へそ》を蒔き、これに水をやると、小さな羊の子供が生えてくる。雷がごろごろ鳴ると、羊は成長する、といわれた。

律法学者《ラビ》シメオン・ド・サンスの『エルサレム・タルムード』註解（一二三五年）によ

れば、「ヤドゥア」という名の植物が山に生えていて、それは半ば人間のような外観をしており、臍で地中の根と繋がっている。まわりの草を食い荒らし、近づく者すべてに襲いかかる。これを殺すには、地中に繋がっている臍の緒を切ってしまわなければならない、という。また、十二世紀終りごろの旅行家レーゲンスブルクのペッタキアによると、人間の顔をした「ドゥダイムス」という植物があって、この植物の栽培されている果樹園は、ニネヴェとバグダッドのあいだにあるという。

そのほか、声を出す植物について語っている学者も、大勢いる。十二世紀のコルドバの大哲学者マイモニデスは、幹の付け根に頭のある植物が、インドに生育していることを報告している。この植物は、髪の毛がそのまま根になっていて、あたかもマンドラゴラのような人間の声を発する。十三世紀初めのアラビアの博物学者イブン・アル・バイタルも、その著『植物学』のなかで、祭の日に叫び声を出す植物「サルラーハ」のあることを語っている。この植物の声を聞く者は、一年以内に死ぬという。

ペルシアの古い細密画《ミニアチユール》を見ると、装飾的な唐草模様の枝の先端に、人間や動物の顔が生えていたり、繁った葉ごもりのあいだから、人間の頭が果実のようにぶら下がっていたりする。フィルダウシイの『シャーナーメ』のいくつかの挿絵本（たとえばオクスフォード、ボドレイアン図書館蔵のもの）に、おもしろい稚拙な表現が見られる。

同じような絵画表現が中世のヨーロッパにも発見されるが、これはおそらく、東洋から伝来したものにちがいない。

たとえば、アルサスのホーヘンブルクの尼僧院長であったヘルラデ・フォン・ランズベルク（一一九五年死）の手写本『ホルトゥス・デリキアルム』（「悦楽の園」の意）のなかに、アダムがワクワクの樹のそばで寝ており、神がこの樹の枝を折って、イヴを造ろうとしている図がある。神の手に支えられたイヴは、枝からもぎ取られた果実のようで、胸から上の半身しかなく、両手はあるけれども脚はない。数個の人間の頭の生えたワクワクの樹は、あのペルシアの唐草模様に酷似している。——この手写本は、当時一流のインテリ女性であったヘルラデによって丹念に描かれた、一種の百科全書ともいうべきもので、注目すべきは、彼女がアラビア風の宇宙観の影響を大きく受けているということだ。（稿本はストラスブルクに所蔵されていたが、一八七〇年の包囲戦で、プロシア軍の砲弾によって湮滅された。）

中世のキリスト教美術には、そのほか「エッサイの樹」とか「生命の樹」とか「悪の樹」などといった、植物と人間とを接合した図像学的表現がしばしば見られるが、この象徴的な植物の扱い方については、ここでは触れないでおこう。それよりも、中世末期からルネサンス初期にかけてのヨーロッパの海外旅行家が、東洋の異事奇聞を紹介するために書いた、さまざまな見聞録、紀行文の類をとりあげよう。

フランシスコ会修道士として、ペルシア、インド、セイロン、スマトラ、ジャヴァ、ボルネオに布教の旅をし、北京に三年間留まり、チベットを経て帰ってきたイタリアの大旅行家オデリコ・ダ・ポルデノネ（一三三一年死）の『東洋紀行』には、いろんなふしぎな動物や植物のことが報告されている。たとえば、インドのマラバル海岸に、一腕尺（約五十センチ）ばかりの背丈の、小さな男女の果実を生ずる植物があって、その果実は、風さえ吹いていれば新鮮であるが、風がなくなると、乾からびて枯れてしまう。また、シナからインドへいたる途中のカディリという国では、メロンのような果実のなかに生きた羊を生ずる。

この植物＝羊の話は、オデリコの書物から多くを剽窃したとおぼしいサー・ジョン・マンデヴィルの『東方旅行紀』（一三六〇年ごろ）にも、そっくりそのまま出ている。すなわち「ひょうたんに似ているが、それよりもっと大きな果実を生ずる樹がある。その熟した果実を二つに割ると、なかに肉も血も骨もある獣が一匹はいっている。その国の住民は、この獣も果実も食用とするが、まるで小さな羊のようである」と。

この果実を割らないで、そのまま放置すると、やがて、自然に殻が裂けて、小さな羊が飛び出してくる。そうして仲間同士集まって、一団の群をつくるが、彼らはそれぞれ、臍の緒に似た一種の管によって地面と固く繋がっているので、樹のそばを離れたり、遠くへ行ったりするようなことは決してない。

マンデヴィルは、この羊を食べたとは言っていないが、十七世紀初めのフランスの博物学者クロオド・デュレの『驚嘆すべき植物譚』（一六〇五年）によると、この羊の肉は「ザリガニの肉に似た味がする」そうである。また、その毛皮は羊毛のように保温の役に立つので、季節には商人が摘み取りに行くという。オデリコの書物では、この植物を産する地方は、インドに近い熱帯のカディリという国になっているが、ヴァンサン・ド・ボオヴェの『自然の鏡』（一四七三年）などでは、「スキタイの羊」という言葉が使われている通り、ヨーロッパ東南部の黒海、裏海方面に産するものと信じられていたようである。十六世紀の初め、皇帝マクシミリアン一世の大使としてモスコウに派遣された外交官ヘルベルスタインの見聞録『ロシア事情解説』（一五四九年）にも、この植物＝羊の話は出ていて、それはサマルカンド地方に産し、「イラン人は誰でも帽子の裏に、この羊の毛皮を用いる」などと書かれている。

オデリコは、植物＝羊の話を述べたあとですぐ、「多くのひとは信用しないであろうが、この話は、アイルランドに、雁という鳥になる果実をつける樹木が存在しているのと同じくらい、真実なのである」と述べている。その果実が鳥になる植物の話は、十三世紀初め

植物＝羊の図①
マンデヴィルの「東方旅行記」（アウグスブルク、1481年）の挿絵

植物＝羊の図②
ベリー公の「神秘の書」（14世紀末）より

の動物誌や、ヴァンサン・ド・ボオヴェの『自然の鏡』などに、早くからその例を見る。そして、この植物＝鳥を産する地方は、一般に英国もしくはフランドル地方と信じられていたらしい。

前に名前をあげたクロオド・デュレの書物に、すぐれた学者であったロオマ法王ピウス二世の意見として、次のような文章が掲げられている。すなわち、「噂によると、スコットランドには、川の岸辺に、アヒルの形をした果実の生ずる樹木が生育している。果実は熟すると、自然に樹から離れ、あるものは地上に、あるものは水中に落ちる。地上に落ちた果実は、そのまま腐ってしまうが、水中に落ちた果実は、生きて泳ぎ出し、羽ばたいて飛び去る。余はスコットランドに滞在中、このことを気さくなジェイムス王に問い質してみた。その結果、分ったことは、この評判の樹木はスコットランドにはなくて、もっと遠いオークニー諸島にあるということである」と。

*

マンドラゴラから植物＝人間まで、ワクワクから植物＝動物まで、すべてはわたしたちの未知なるものに対する好奇心、エキゾティシズム、空想力が産み出したところの、夢と幻想の精華ともいうべきものであろう。植物の世界から、その夢の隠喩《メタファ》を引き出して、わたしたちは、さまざまな欲望を満足させるべきイメージを手に入れたことを、愉快に思う性質らしいのである。なにも植物の世界ばかりではない。自然は隠喩の宝庫である。「神は、わたしたち人間に二冊の書物をあたえ給うた。すなわち、聖書と自然界という書物である」と言った中世の哲学者のように、わたしたちもまた、この工業生産的な二十世紀の『黄金伝説』を、何とかして誕生させたいものである。

果実がアヒルになる樹。クロオド・デュレ「驚歎すべき植物譚」(17世紀)より

初版あとがき

わたしの親しくしている閨秀詩人、多田智満子さんの EPITAPH と題された詩に、次のような一節がある。

光よ
海の哄笑よ
若い時間は虐殺された
行くひとよ
ラケダイモンの国びとに
つたえてよ

白い崖に
風のふく朝
痛々しいほどほがらかに
解剖された
美少年ここにねむると

『エロスの解剖』という題を選んだとき、わたしの頭にはこの詩があった。読者もできることなら、このような美しいヘレニスティックなイメージとして、わたしのエロスの解剖の光景を思い描いていただきたいものである。

むろん、神話のエロスは美少年であるから、彼を愛してやまない人間によって、解剖されることを望まれる十分な理由があると思う。さしずめ執刀者はわたしであるが、わたしもまたエロスの魅力に憑かれた人間として、大方の期待に応えるべく、冷静に慎重にエロスを腑分けしたつもりなのだ。そのメスさばきに狂いがあったかどうかは、本書をお読みになった上で、読者が判定してくださるにちがいない。

本書の巻頭に掲げた絵の作者、レオノール・フィニイとポオル・デルヴォーは、いずれもわたしの最も愛するシュルレアリスム系の画家で、その幻想の性質が、この本の内容を象徴的に語っていると思われたので、とくに選んだ。いかがでしょうか。

この本の最初の十二章は、一九六四年一月から十二月まで雑誌「新婦人」に連載したものであり、「エロティック図書館めぐり」は「芸術生活」(一九六四年四月)に、『エドワルダ夫人』について」は「本の手帖」(一九六三年一・二月)に、「玩具考」は「美術手帖」(一九六五年四月増刊)に、それぞれ発表したものである。最後の「マンドラゴラについて」は、本書のために書きおろした。

長いこと、わたしの連載のために尽力された「新婦人」編集部の田村敦子さんに、心からなる感謝を捧げたい。また、桃源社の矢貴昇司さんの変らぬ御好意にも、重ねて御礼を申し述べたい。

一九六五年六月

澁澤龍彦

単行本『エロスの解剖』一九六五年七月　桃源社刊

新装版
エロスの解剖《かいぼう》

一九九〇年 七 月 四 日 初版発行
二〇一七年 七 月二〇日 新装版初版印刷
二〇一七年 七 月三〇日 新装版初版発行

著 者 澁澤龍彦《しぶさわたつひこ》
発行者 小野寺優
発行所 株式会社河出書房新社
〒一五一－〇〇五一
東京都渋谷区千駄ヶ谷二－三二－二
電話〇三－三四〇四－八六一一（編集）
〇三－三四〇四－一二〇一（営業）
http://www.kawade.co.jp/

ロゴ・表紙デザイン 粟津潔
本文フォーマット 佐々木暁
本文組版 KAWADE DTP WORKS
印刷・製本 中央精版印刷株式会社

Printed in Japan ISBN978-4-309-41551-2

極楽鳥とカタツムリ

澁澤龍彥　41546-8

澁澤没後三十年を機に、著者のすべての小説とエッセイから「動物」をテーマに最も面白い作品を集めた究極の「奇妙な動物たちの物語集」。ジュゴン、バク、ラクダから鳥や魚や貝、昆虫までの驚異の動物園。

ヨーロッパの乳房

澁澤龍彥　41548-2

ボマルツォの怪物庭園、プラハの怪しい幻影、ノイシュヴァンシュタイン城、骸骨寺、パリの奇怪な偶像、イランのモスクなど、初めての欧州旅行で収穫したエッセイ。没後30年を機に新装版で再登場。

華やかな食物誌

澁澤龍彥　41549-9

古代ローマの饗宴での想像を絶する料理の数々、フランスの宮廷と美食家たちなど、美食に取り憑かれた奇人たちの表題作ほか、18のエッセイを収録。没後30年を機に新装版で再登場。

神聖受胎

澁澤龍彥　41550-5

反社会、テロ、スキャンダル、ユートピアの恐怖と魅惑など、わいせつ罪に問われた「サド裁判」当時に書かれた時評含みのエッセイ集。若き澁澤の真髄。没後30年を機に新装版で再登場。

異端の肖像

澁澤龍彥　40891-0

狂気と偽物による幻想の城ノイシュヴァンシュタインを造ったルドヴィヒ二世。魔術師グルジエフ。謎の幼児虐殺者ジル・ド・レエ。恐怖の革命天使サン・ジュスト……栄光と破滅の異端児達。ロングセラー！

黒魔術の手帖

澁澤龍彥　40062-4

魔術、カバラ、占星術、錬金術、悪魔信仰、黒ミサ、自然魔法といったヨーロッパの神秘思想の系譜を日本にはじめて紹介しながら、人間の理性をこえた精神のベクトルを解明。オカルト・ブームの先駆をなした書。

著訳者名の後の数字はISBNコードです。頭に「978-4-309」を付け、お近くの書店にてご注文下さい。